질문으로 시작하는 초등 한국사 1

이 책을 더 알차게 활용하는 방법

1. 이 책은 역사를 질문으로 시작해서 재미있는 이야기로 이해할 수 있도록 구성했습니다. 역사 속의 주인공들이 등장해서 당시의 생활 모습을 들려주기 때문에 더 친근하게 느낄 수 있답니다.
2. 짧은 이야기 끝에는 '용어 퀴즈'가 나옵니다. 가벼운 마음으로 풀어 보세요. 부담스럽다면 그냥 넘어가세요.
3. '역사랑 친해져 볼까?'는 주제와 관련된 탐구 활동 코너입니다. 각 시대의 유물이나 유적 등을 보면서 상상의 나래를 펼쳐 볼 수 있답니다. 빈 곳에 여러분의 생각을 채워 보세요. 부담스럽다면 그냥 넘어가세요.
4. '역사 속으로 떠나 볼까?'는 몸으로 직접 움직이는 체험 활동 코너입니다. 각 시대를 대표하는 곳에 가서 따라 해 보고, 활동한 내용을 써 보세요.
5. '용어 퀴즈'와 '역사랑 친해져 볼까?', '역사 속으로 떠나 볼까?'의 예시 답안은 부록에 수록했습니다.

질문으로 시작하는 초등 한국사

1 동굴 시대부터 조선 전기까지

한국역사교육학회 글 · 송진욱 그림

북멘토

 **머리말**

"역사 속에 꼭꼭 숨어 있던 보통 사람들의 이야기를 만나 보세요.
역사 속 인물과 사건이 더 친근하게, 더 쉽고 재미있게 다가올 거예요."

안녕하세요, 여러분!
우리는 학교에서 여러분 또래의 친구들을 가르치고 있는 선생님들입니다.
교실에서 친구들에게 역사를 가르치다 보면 늘 고민하는 문제가 있었어요. 역사를 생각할 때 나의 삶과는 전혀 상관없는 영웅들의 이야기로만 받아들인다는 점이었죠. 그렇게 생각하는 것도 한편으로는 이해가 돼요. 왜냐하면 친구들이 학교에서 배우는 교과서가 역사 속 인물과 문화재를 중심으로 이루어졌기 때문이죠.
그래서 우리는 역사 속 인물과 사건을 더 친근하게 느낄 수 있고, 더 쉽고 더 재미있고 더 흥미진진한 역사책을 만들어 보자고 뜻을 모았어요. 그러기 위해 2년간 열심히 자료를 모았고, 그 결과물이 바로『질문으로 시작하는 초등 한국사 1·2』랍니다.
이 책은 선사 시대부터 현대까지의 우리나라 역사를 주제별로 나누고 친구들이 평소 궁금해했던 질문에 답하는 형식으로 만들었어요. 책장을 한 장 한 장 넘기다 보면 흥미로운 주제와 생동감 있는 이야기 속으로 흠뻑 빠져들게 될 거예요.

"4만 년 전 어린이는 어떻게 살았을까?"
"철갑옷을 가장 잘 만드는 나라는 어디였을까?"
"고구려 사람들은 왜 높은 산 위에 성을 쌓았을까?"
"발해의 부처님은 왜 십자가 목걸이를 하고 있을까?"
"왕건은 왜 결혼을 여러 번 했을까?"
"양반 도령들은 힘든 공부를 왜 했을까?"

어때요? 역사책을 한 권이라도 읽어 본 친구라면 한 번쯤 궁금해했을 내용이죠? 이 책은 이런 질문에 친절한 답을 해 줄 거예요. 우리 선생님들이 오랫동안 함께 고민하고 토론해서 답을 찾았기 때문에 쉽고 재미있을 거라고 자신할 수 있어요.

또한, 책을 읽다 보면 다양한 역사 속 인물을 만나게 될 거예요. 친구들이 학교에서 배우는 교과서나 대부분의 역사책은 어떤 시대나 사건을 이야기할 때 왕이나 영웅 같은 역사 인물을 중심으로 설명을 해 나가요. 하지만 이 책은 조금 달라요.

특별한 인물만이 한 시대를 대표할 수 있을까요? 역사 속에는 주인공만 있었을까요? 천만 관객이 본 영화에도 빛나는 조연들이 있듯이, 우리 역사 속에도 수많은 조연들이 존재했어요. 우리는 주연만이 아니라 조연들이 함께 역사를 만들어 왔다는 것을 이야기하고 싶었어요.

    이런 고민 끝에 가야의 송현이, 신라의 지은이, 고려의 찔레, 조선의 양반 아이 숙길이, 병자호란 때 청나라에 끌려 간 안추원, 우리나라 최초의 서양 의사 박서양과 백정 아버지 박성춘의 이야기를 싣게 된 거예요. 그동안 역사 속에 꼭꼭 숨어 있던 보통 사람들의 이야기를 읽으면서 친구들이 그 시대의 역사를 이해할 수 있으면 좋겠다고 생각한 것이죠. 친구들이 이 책을 읽고 나서 '우리 역사에 이런 사람도 있었구나!', '나의 일기도 중요하구나!'라고 생각할 수 있으면 좋겠어요. 역사가 나와 관련 없는 과거의 이야기가 아니라 나라는 존재가 역사의 한 장면을 만들어 가고 있다는 점을 이해할 수 있으면 좋겠어요.

    마지막으로 평범한 역사와 작은 역사들을 통해 전체의 역사를 들여다보고, 스스로 역사의 장면 장면을 상상해 보면 좋겠다는 바람이 있어요. 그래서 이 책이 친구들에게 학교 역사 공부에서 부족한 부분을 보충할 수 있는 또 하나의 교과서로 자리매김할 수 있기를 기대합니다.

2018년 가을
이 책을 쓴 선생님들

 **차례**

머리말 4
나의 이야기도 역사가 될 수 있을까? 10

01 돌 도구로 사냥도 하고, 농사도 짓고 17
4만 년 전 어린이는 어떻게 살았을까? • 두루봉 동굴 사람들은 무얼 먹고 살았을까?
바닷가 조개더미에서 무엇이 나왔을까? • 갈돌이는 왜 일 년 내내 바빴을까?
역사랑 친해져 볼까? | 어디에 쓰던 물건일까? 26

02 고인돌을 만들고, 청동검을 만들고 29
세계에서 고인돌이 가장 많이 나온 나라는 어디일까?
사람 뼈가 나온 고인돌에서 또 뭐가 발견되었을까?
구리네 마을에서 가장 힘센 사람은 누구였을까?
역사랑 친해져 볼까? | 두 마을의 차이를 찾아라! 36
역사 속으로 떠나 볼까? | 다양한 고인돌이 모여 있는 고창으로! 38

03 첫 나라 고조선의 탄생 41
고조선 사람들은 어떻게 살았을까?
고조선 이후에는 어떤 나라들이 성장했을까?
철갑옷을 가장 잘 만드는 나라는 어디였을까?
역사랑 친해져 볼까? | 왕들이 알에서 태어났다고? 48

04 산성은 더 높게, 절은 더 크게 51
고구려 사람들은 왜 높은 산 위에 성을 쌓았을까?
안시성의 고구려군은 당나라군을 어떻게 물리쳤을까?
아차산성의 주인은 몇 번 바뀌었을까?
삼년산성은 누가 쌓고 누가 지켰을까?
왕들은 거대한 절과 탑을 왜 만들었을까?
역사랑 친해져 볼까? | 부처님, 제 소원을 들어주세요! 62

05 타고난 신분이 능력보다 중요해 65

그림 속 아광이는 어린이였을까? • 가야 소녀 송현이의 마지막 소원은 무엇이었을까?
온달이 무사를 꿈꾸며 즐긴 놀이는 무엇일까? • 설계두는 왜 신라를 떠났을까?
백제의 왕인은 왜 일본에 갔을까?
역사랑 친해져 볼까? | 벽화에서 '나'를 찾아봐! 76

06 평화로운 부처님의 나라를 향하여 79

통일신라의 왕은 왜 만파식적을 불었을까?
'나무아미타불 관세음보살'이란 말은 어떻게 널리 퍼졌을까?
에밀레종 소리는 정말 '에밀레'로 들릴까?
장보고의 무역선은 무엇을 싣고 어디로 갔을까?
짚신 장수 지은이는 왜 노비가 되었을까?
역사랑 친해져 볼까? | 닮은꼴을 찾아라! 90
역사 속으로 떠나 볼까? | 신라 시대 무덤과 유물이 가득한 경주로! 92

07 발해가 만든 평화의 길을 따라서 95

발해의 부처님은 왜 십자가 목걸이를 하고 있을까? • 발해의 상경성은 얼마나 컸을까?
상경성 사람들은 언제 춤을 추었을까? • 상경성에서 당나라에 갈 때는 어디로 갔을까?
역사랑 친해져 볼까? | 발해의 길은 어디로 이어졌을까? 104

08 활기차고 개방적인 고려 사람들 107

왕건은 왜 결혼을 여러 번 했을까? • 벽란도의 상인들은 어디에서 왔을까?
팔관회 축제에서는 무엇을 했을까? • 중국인 쌍기는 어떻게 고려의 관리가 되었을까?
귀족 집안의 남자아이들은 커서 무엇이 되고 싶었을까?
고려의 부인들은 재혼할 수 있었을까?
역사랑 친해져 볼까? | 고려 사람들에게 한 걸음 다가서기 120

09 고려 사람들이 꿈꾼 나라 123

고려 농민들이 꿈꾼 세상은 어떤 모습일까? • 수돌이는 연등회를 왜 기다렸을까?
복숭아 모양의 연적은 누가 사용했을까? • 노비들은 무엇에 목숨을 걸었을까?
역사랑 친해져 볼까? | 어린이 기자, 고려에 가다! 132
역사 속으로 떠나 볼까? | 불교문화의 특징을 찾아서 평창으로! 134

10 몽골과 싸우며 세계와 만나다 137
찔레꽃의 전설은 왜 생겼을까? • 고려 사람들은 몽골군을 어떻게 물리쳤을까?
소년 무역상 고복이는 원나라에서 무엇을 봤을까? • 최무선은 왜 화포를 만들었을까?
역사랑 친해져 볼까? | 목화의 비밀을 찾아라! 146

11 한글이 알려 주는 조선의 모습 149
세종의 비밀 작전은 무엇이었을까? • 세종이 한글을 만든 진짜 이유는 무엇일까?
한글을 누가 사용했을까?
역사랑 친해져 볼까? | 조선 시대의 왕은 어떤 일을 했을까? 158

12 농사짓는 사람, 글공부하는 사람, 시중드는 사람 161
열세 살 농부 칠복이는 어떤 놀이를 즐겼을까?
양반 도령 숙길이는 힘든 공부를 왜 했을까?
숙길이의 그림자, 노비 도토리는 하루 동안 어떤 일을 했을까?
역사랑 친해져 볼까? | 조선 시대의 승경도 놀이 168
역사 속으로 떠나 볼까? | 퇴계 이황의 가르침을 찾아 안동으로! 170

13 조선을 뒤흔든 전쟁 속으로 173
일본군은 왜 코를 잘라 갔을까? • 누가 궁에 불을 질렀을까?
위기에 처한 조선을 누가 구해 냈을까? • 인조는 청 황제에게 왜 무릎을 꿇었을까?
큰 전쟁을 겪은 조선 사람들은 어떻게 살았을까?
역사랑 친해져 볼까? | 사라진 도자기 기술자를 찾아라! 184

정답 188
찾아보기 194
사진 출처 197
참고 자료 199

나의 이야기도 역사가 될 수 있을까?

우리는 아침에 일어나서 잠자리에 들 때까지 많은 일을 겪는다. 그중 기억에 남는 일을 메모, 일기, 편지 등으로 다양하게 기록한다. 시간이 흘러 기억이 사라질지라도 기록은 남는다. 이런 기록을 엮으면 역사책이 된다. 역사책은 일기와 비슷하다. 잊지 말아야 할 과거의 사건이 쓰여 있고, 나중에 읽으면 잘못을 반성하고 더 나은 미래를 꿈꿀 수 있다. 그래서 지금 우리의 삶과 기록도 역사로서의 가치를 갖는다. 민경이의 이야기를 통해 조금 더 자세하게 알아보자.

 우리의 일기도 역사가 될 수 있어요

어느 날 민경이는 이순신 장군이 임진 전쟁 중에 쓴 일기를 읽다가 깜짝 놀랐다. 이순신 장군 위인전이나 텔레비전에서 본 명량 해전 상황이 자세하게 쓰여 있었기 때문이다.

> **15○○년 ○월 16일 맑음**
> 이른 아침에 특별 정찰 부대가 와서 "수를 알 수 없을 정도로 많은 적의 배들이 명량으로 해서 곧바로 우리가 진 치고 있는 곳을 향하여 오고 있다."라고 보고하였다. 곧 여러 배에 명하여 닻을 올려 바다로 나아가니 130여 척의 적선이 우리 배를 에워쌌다. ……지자, 현자 등 각종 총통을 마구 쏘아 대니 탄환이 마치 폭풍우처럼 쏟아지고 배 위에서는 군관들이 늘어서서 억수같이 화살을 쏘니, 적들이 감히 대들지 못하고 나왔다 물러갔다 하였다.

이순신 장군은 총 7권의 일기를 남겼다. 훗날 이 일기는 '난중일기'라고 불리게 되었는데, 2013년 유네스코 세계기록유산에 등재되었다.

　이순신 장군이 쓴 일기 내용은 영화로 본 명량 해전 전투 장면과 정말로 많이 비슷했다. 알고 보니 이순신 장군은 임진 전쟁 동안 겪은 일을 빼놓지 않고 일기에 기록해 놓았다. 이를 '난중일기'라고 부른다. 다른 사람들이 임진 전쟁을 기록한 책도 여럿 남아 있지만, 직접 전쟁을 지휘한 이순신 장군 본인이 기록한 일기야말로 당시의 상황을 가장 잘 알려 주는 자료일 것이다.
　'이순신 장군의 일기 덕분에 명량 해전을 더 생생하게 알 수 있는 거구나.'
　일기에는 기억하고 싶은 일이나 반성할 일, 기쁜 일과 슬픈 일 등 자기에게 일어난 중요한 사건을 기록해 둔다. 이순신 장군에게는 전쟁이 무엇보다 중요한 일이었으니 아주 작고 세세한 일까지 쓸 수밖에 없었을 것이다. 이런 기록들이 훗날 역사의 일부가 된다는 것을 알게 된 민경이는 일기에 다짐을 하나 썼다.
　'나도 오늘부터 일기를 더 자세하게 잘 써 볼 생각이다. 내 일기도 중요한 역사가 될 테니까.'
　글로 쓰는 일기 말고도 사람들은 그림을 그리거나 메모를 하거나 관찰일기를 써서 기록을 남긴다. 요즘은 사진을 찍거나 동영상을 찍기도 한다. 이러한 기록을 간추려 책으로 엮으면 '○○의 역사'나 '○○의 자서전'이 될 것이다.

모든 사람에게는 각자의 역사가 있다. 개인이 살아온 이야기를 담으면 개인사, 가족의 이야기를 담으면 가족사, 마을 사람들이 살아온 이야기를 담으면 마을의 역사가 된다. 우리나라 사람들이 살아온 이야기는 우리나라의 역사인 한국사가 된다. 그러므로 내가 살아온 이야기는 나의 개인사이자 가족사, 우리나라 역사의 한 부분이다.

 누구나 역사의 주인공이 될 수 있어요

민경이는 가족이 주인공인 역사를 쓴다면 어떨지 궁금했다. 그래서 '외할머니의 역사'를 쓰기로 마음먹고 외할머니에게 어릴 때부터 지금까지 살아온 이야기를 들려 달라고 했다. 이야기를 듣는 동안 잘 모르는 사건이나 궁금한 내용은 따로 찾아보기 위해 메모했다.

그리고 과거와 오늘날의 우리나라가 어떻게 달라졌는지 알아보기 위해 자료를 모았다. 먼저 외할머니가 갖고 계신 옛날 사진첩, 월급봉투, 편지를 건네 받았다. 한국전쟁이나 가발 공장 같은 내용은 인터넷 검색을 하고 도서관에서 책을 찾아보았다. 그리고 그래프에 할머니가 겪은 중요한 사건을 시간 순서대로 기록했다.

김영순 할머니의 역사

우리 할머니는 1950년 6월 경기도의 한 농촌 마을에서 태어났다. 할머니가 태어나자마자 한국전쟁이 터졌다. 아기였기 때문에 전쟁에 대한 기억은 전혀 없다. 할머니의 가족은 전쟁의 영향으로 정말 가난하고 배고프게 살았다. 매년 봄마다 보리가 익기 전까지는 정말 먹을 게 없어서 산으로 들로 먹을 것을 찾아다녔다.

외할머니는 가난 때문에 학교도 제대로 못 다니고, 열다섯 살에 서울에 있는 가발 공장에 취직했다. 한 달 내내 일하고 월급봉투를 받을 때가 가장 기뻤는

옛날 앨범 개인과 가족에게 중요한 사건들의 기록이자 추억이 담겨 있다.

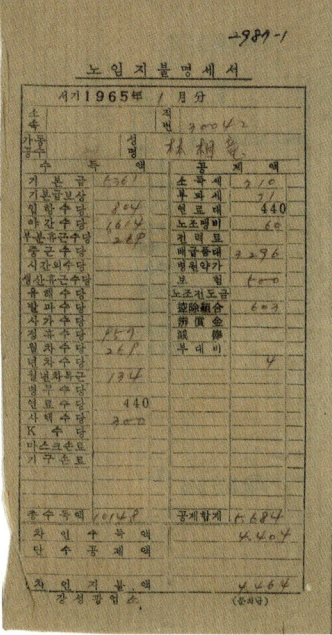

1960년대 월급봉투 월급날이 되면 봉투에 현금을 넣어서 주었다.

데, 그 월급을 거의 다 집으로 보냈다. 외할머니의 오빠와 남동생은 그 돈으로 학비를 내고 공부를 했다.

1970년에는 할아버지를 만나 결혼을 했다. 그 시대는……

김영순 할머니의 생애 연표

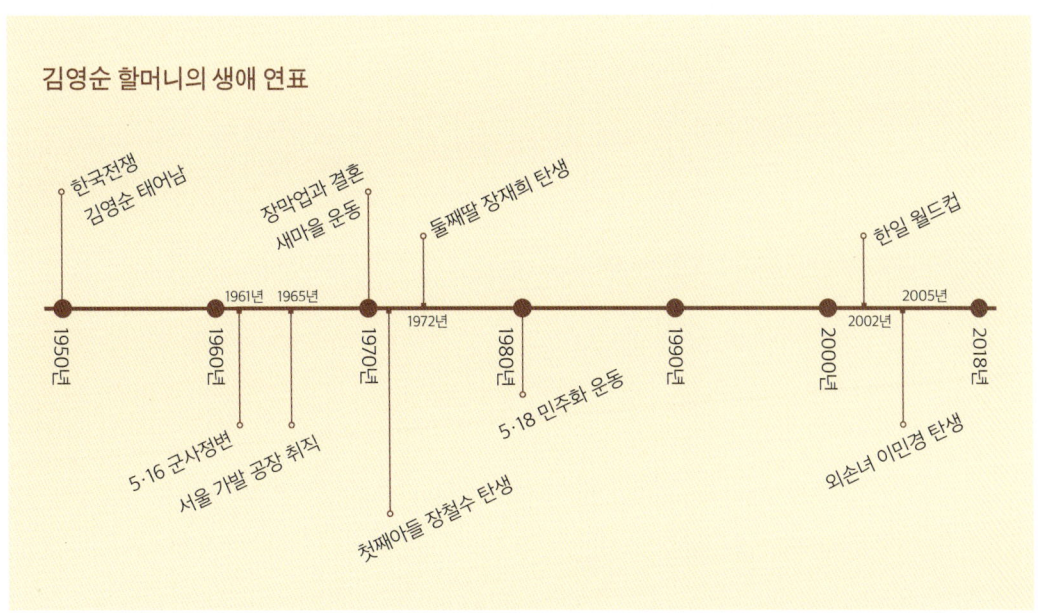

민경이는 자료를 모아 외할머니의 역사를 쓰면서, 평범한 사람들의 삶에는 크고 작은 사건들이 큰 영향을 끼친다는 것을 알게 되었다. 그래서 누구나 역사의 주인공이 될 수 있고, 개인의 이야기(일기)와 그 당시의 사건이나 사진 같은 자료를 엮어서 기록하면 우리나라 역사의 일부가 될 수 있겠다고 생각했다.

 내가 주인공인 역사를 써 보아요

우리 모두는 역사의 당당한 주인공이다. 민경이가 외할머니의 역사를 쓴 것처럼 내가 주인공인 '나의 역사'를 써 보자.

■ 아래 물음에 답하며 내가 겪은 일을 말해 보자. 그리고 '나'를 인터뷰하기 위한 질문을 만들고 말해 보자.

- 언제 어디에서 태어났나요?
- 유치원에서 가장 친했던 친구 이름은 무엇인가요?
-
-

■ 〈보기〉를 참고하여 '나의 역사'에 들어갈 사진이나 일기 같은 기록할 만한 물건을 찾고, 중요한 일을 써 보자.

〈보기〉
- 부모님께서 찍어 주신 유치원 학예회 사진 • 학교생활을 기록한 생활통지표와 상장
- 어릴 때 입었던 옷이나 좋아했던 장난감 같은 물건 • 친구들과 찍은 사진이나 동영상 자료

• 찾은 자료는

• '나의 역사'에 들어갈 중요한 일은

■ 위의 자료들을 바탕으로 '나의 역사'를 써 보자.

4만 년 전 어린이는 어떻게 살았을까?
두루봉 동굴 사람들은 무얼 먹고 살았을까?
바닷가 조개더미에서 무엇이 나왔을까?
갈돌이는 왜 일 년 내내 바빴을까?

돌 도구로 사냥도 하고, 농사도 짓고

4만 년 전 어린이는 어떻게 살았을까?

우리는 삼총사였는데···

잘 가~

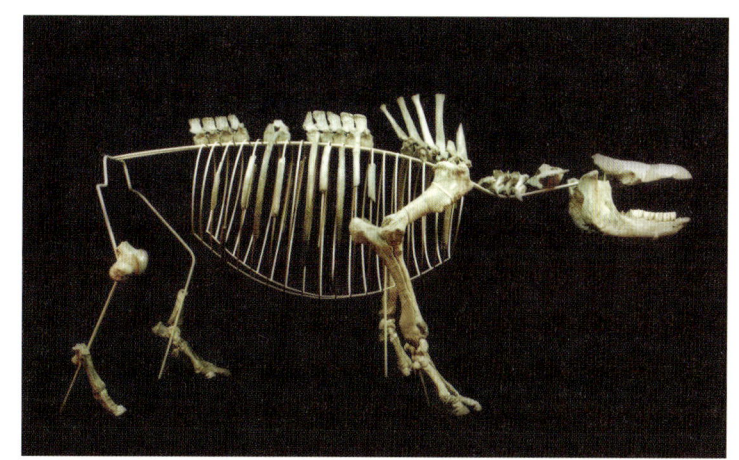

복원한 쌍코뿔이의 뼈 모형 충북 청원 두루봉 동굴에서 발굴된 쌍코뿔이의 뼈를 복원한 모형이다. 몸통의 높이는 178센티미터, 머리부터 발까지의 길이는 117센티미터로, 사람보다 덩치가 훨씬 크다. 지금은 사라진 멸종 동물이다.

"동굴에 오래된 사람 뼈 같은 것이 있어요!"

1982년 어느 날, 김홍수 씨는 충북대학교로 급히 전화를 했다. 두루봉의 오래된 동굴에서 석회암을 캐다가 사람의 머리뼈를 발견했기 때문이다.

그 뼈의 주인은 바위에 반듯하게 누운 아이였다. 뒤통수가 튀어나온 이 아이는 나이가 4~5세, 키는 110~120센티미터가량이었다. 아이의 가슴뼈 주위에서는 국화꽃 가루가 나왔다. 죽은 아이의 가슴에 누군가가 국화꽃을 올려놓았나 보다. 4만 년 만에 다시 세상으로 나온 아이에게 김흥수 씨의 이름을 따서 '흥수 아이'라는 새 이름이 붙여졌다.

두루봉에는 오래된 동굴이 몇 개 더 있었다. 그 동굴에서도 곰의 뼈와 쌍코뿔이의 턱뼈, 사슴과 원숭이의 뼈가 나왔다. 동굴에 살던 사람들이 사냥하여 잡아먹었던 동물들의 뼈였다.

두루봉 동굴 사람들은 무얼 먹고 살았을까?

두루봉 동굴에 아침이 밝았다. '모든 걸 아는 할머니'는 여자들을 이끌고 들판으로 나갔다. 할머니는 산과 들판에 난 풀 중에서 먹을 수 있는 것, 독이 있는 것, 약이 되는 것이 무엇인지 잘 알았다.

할머니가 알려 주는 대로 여자들은 자르개나 긁개, 주먹도끼로 나무 열매를 따고, 식물 뿌리를 캐고, 나무껍질을 벗겼다. 맛있는 애벌레와 곤충도 잡았다.

오후가 되자 사냥을 나갔던 남자들의 무리가 쌍코뿔이를 잡아서 돌아왔다. 며칠 동안 배부르게 나누어 먹을 만큼 컸다. 한 사람이 크게 다쳤지만, 목숨을 잃지 않은 게 다행이었다.

긁개와 주먹도끼 고기를 얇게 썰거나 가죽을 벗길 때 사용한 긁개(왼쪽)와 손에 쥐고 도끼처럼 사용한 주먹도끼(오른쪽).

사람들은 돌 도구로 쌍코뿔이의 가죽을 벗겨 고기를 잘랐다. 자른 고기는 불을 피워 구워 먹고, 벗겨 낸 가죽은 추위를 막을 수 있는 옷을 만들 것이다.

밤이 되었다. 사람들은 불가에 옹기종기 모여 앉아 사냥 도구들을 손질했다. 돌을 깨뜨리고 떼어 내서 새 도구를 만들기도 했다. 동굴은 아늑하고 편안했다. 남자들은 사냥이 얼마나 위험하고 힘들었는지, 누가 가장 용감했는지 자랑 삼아 떠들었다. '모든 걸 아는 할머니'는 근처에 먹을 수 있는 열매가 얼마 남지 않았다며 다른 곳으로 떠나야겠다고 말했다.

두루봉 동굴 사람들처럼 돌 도구를 사용하는 사람들은 한반도 곳곳에 퍼져 살았다.

바닷가 조개더미에서 무엇이 나왔을까?

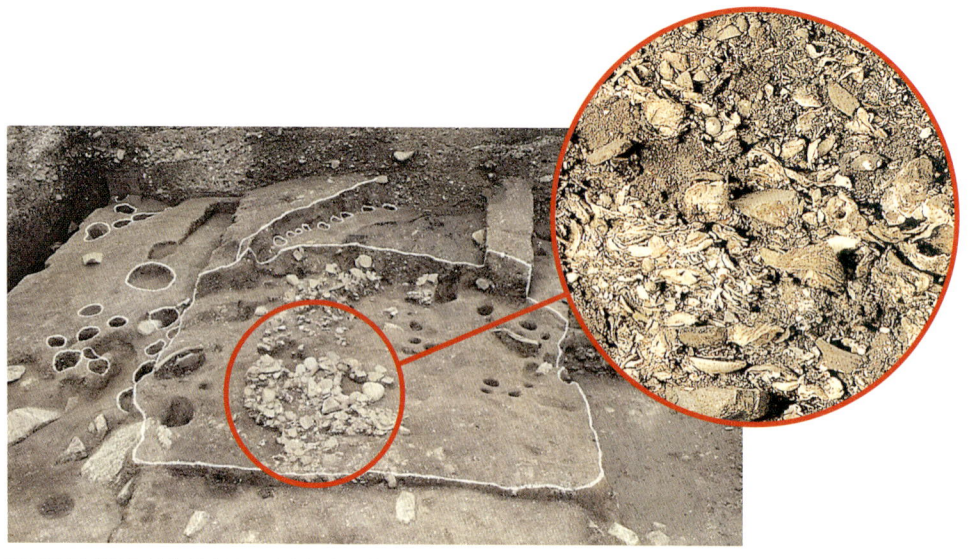

동삼동 조개더미 부산 동삼동 조개더미 발굴 당시의 모습이다. 오래전 동삼동 사람들이 어떻게 살았는지 알려 주는 흔적이 많이 나왔다. 오른쪽 사진은 조개더미를 확대시킨 모습이다.

약 5,000년 전쯤, 지금의 부산 영도구 동삼동 바닷가 근처에 마을이 있었다. 오랜 세월이 흐른 뒤 이 마을 사람들이 먹고 버린 조개더미가 발굴되었다. 조개더미는 당시의 마을 사람들이 어떻게 살았는지를 알려 주는 실마리였다.

조개더미에서는 먹고 버린 조개·굴·소라·고둥 껍데기, 각종 생선뼈가 나왔다. 뼈낚싯바늘과 그물에 달던 돌추가 함께 나온 걸로 보아, 동삼동 사람들은 낚시와 그물로 고기를 잡고, 바위에서 굴을 따고, 바닷속으로 잠수해서 소라와 고둥, 조개를 캤던 것 같다.

조개더미 속에서 사슴과 멧돼지, 개의 뼈 그리고 돌화살촉, 불에 탄 좁쌀도

불에 탄 좁쌀 화석   뼈낚싯바늘   고래의 척추뼈

발견되었다. 근처 산과 들에서 사냥을 하고, 곡식을 땄던 모양이다. 혹시 사람들은 좁쌀을 익혀 밥을 지어 먹고, 개를 길렀던 것은 아닐까?

  더욱 놀라운 것은 조개더미에서 고래의 척추뼈가 나왔다는 사실이다. 동삼동 사람들은 고래도 잡아먹었던 것 같다.

반구대 암각화 부산에서 가까운 울산의 태화강 유역에는 엎드려 있는 거북의 모습을 닮은 반구대라는 바위벽이 있다. 반구대에는 떼를 지어 헤엄치는 고래 그림이 새겨져 있다.

갈돌이는 왜 일 년 내내 바빴을까?

강이 보이는 곳에 움집이 스무 채가량 옹기종기 모여 있는 마을이 있었다. 100여 명이 모여 살던 이 마을에 갈돌이라는 어린이가 살았다. 봄이 되자 마을 사람들은 강가의 밭을 갈아 흙을 고르고 씨 뿌릴 준비를 하였다. 열두 살 갈돌이는 무엇을 하는지 들어 보자.

나는 나이는 어리지만 일 년 내내 어른들만큼 바빠. 봄이 되면 씨를 뿌리고, 물고기 잡는 그물도 손질해야 해. 마을에서 기르는 돼지와 소, 개에게 먹이 주는 일도 내 몫이야.

해도 해도 끝이 없네.

앉기, 서기는 우리도 해.

여름에는 그물이나 낚시로 강에서 물고기를 잡아. 가을이 되면 도토리와 나무 열매를 모으고 잘 여문 곡식을 거둬서 흙그릇에 보관해. 겨울에는 토끼나 사슴 같은 작은 동물을 사냥하지.

우리 집은 땅을 파서 만든 움집인데, 꽤 아늑해. 집 안에는 불을 피우는 화덕도 있어. 물고기를 화덕에 구워 먹으면 얼마나 맛있는지 몰라.

우리는 매일매일 쉬지 않고 일을 해야 해. 비가 많이 오면 강물이 불어나서 홍수가 날까 걱정이고, 겨울에는 추위에 얼어 죽을지 모른다고 두려워 해. 그래서 우리는 하늘, 바람, 구름의 신을 정성껏 섬기고 있어. 마을에 어려운 일이 생기면 촌장 어른의 지혜와 경험으로 해결할 때가 많아.

갈판과 갈돌 넓적한 갈판에 나무 열매나 곡식을 올려놓고, 갈돌로 껍질을 깨거나 잘게 갈았다.

조개더미에 갈판을 버린 사람들은 주로 _____나 _____에 살았다.

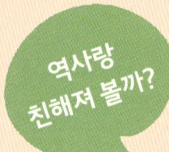

어디에 쓰던 물건일까?

옛 사람들은 글로 된 기록을 남기지 못했다. 그래서 고고학자들은 그들이 남긴 흔적으로 당시의 생활 모습을 연구한다.

■ 옛 사람들이 남긴 유물과 유적의 모양을 보고, 이름과 쓰임새를 연결해 보자.

이름	유물	쓰임새
갈판과 갈돌		땅을 파기 좋은 삽 모양인 것으로 보아, 농사 도구인 것 같다. 봄에 흙을 갈아엎어 곡식이 잘 자라게 했을 것이다.
돌보습		주먹 쥐듯이 손아귀에 꽉 잡고 무언가를 내리치거나 찍거나 후벼 파기 좋을 것 같다. 멧돼지를 사냥할 때도 쓰지 않았을까?
주먹도끼		속이 깊숙한 토기로, 가을에 거둬들인 곡식을 담아 두거나 음식을 조리했을 것 같다.
움집		넓적한 돌판에 곡식을 올려놓고 길쭉한 돌로 갈아 곡식 껍질을 벗겼을 것 같다.
빗살무늬 토기		강가에서 농사를 짓게 되었으니 한 곳에 머물러 살기 위해 집을 짓기 시작했을 것이다.

■ 부산 동삼동 조개더미에서 나온 사람 얼굴 모양 조개껍데기이다. 옛 사람들은 이걸로 무엇을 했을까? 나라면 무엇을 했을지 상상해 보고, 친구들과 이야기해 보자.

나라면

세계에서 고인돌이 가장 많이 나온 나라는 어디일까?
사람 뼈가 나온 고인돌에서 또 뭐가 발견되었을까?
구리네 마을에서 가장 힘센 사람은 누구였을까?

고인돌을 만들고, 청동검을 만들고

세계에서 고인돌이
가장 많이 나온 나라는 어디일까?

고창 고인돌 공원 전북 고창의 산자락에는 고인돌 450개가 흩어져 있다. 고창 고인돌 공원은 세계문화유산으로 지정되었다.

덮개돌

굄돌

"어영차! 어영차!"

고함 소리가 울려 퍼졌다. 사람들 수백 명이 힘을 모아 엄청난 크기의 바윗덩어리를 옮기고 있었다. 사람들은 바닥에 통나무를 깔고 줄로 친친 동여맨 바윗덩어리를 힘껏 끌어당겼다.

"더 힘을 내라! 힘껏 당겨라!"

한 사람이 바윗덩어리 위에 올라서서 사람들을 지휘했다.

바윗덩어리의 무게는 수십 톤! 그보다 무거운 것은 150톤 정도로, 수백 명이 힘을 모아야 할 만큼 크기와 무게가 어마어마한 바윗덩어리도 있었다. 힘겹게 옮긴 바윗덩어리는 흙으로 사이를 메운 굄돌 위에 끌어올렸다. 그 후 흙을 파내면 고인돌이 완성되었다.

고인돌은 전 세계에 5만여 개가 남아 있다. 그중 4만여 개가 한반도에 있어 우리나라를 '고인돌의 나라'라고 부른다. 우리나라에는 전라북도 고창, 전라남도 화순, 경기도 강화에 고인돌이 밀집되어 있어, 2000년에 유네스코에서 한국의 독특하고 희귀한 고인돌을 보호하기 위해 세계문화유산으로 지정하였다.

사람 뼈가 나온 고인돌에서 또 뭐가 발견되었을까?

한 고인돌 아래에서 오래된 사람 뼈가 나왔다. 뼈와 함께 청동 거울과 청동 방울도 발견되었다. 또 농사 도구와 곡식 항아리가 나오고, 청동으로 만든 칼과 화살촉도 나왔다.

고인돌에 묻힌 사람은 누구였을까? 죽기 전에는 어떤 일을 했을까? 비밀의 열쇠는 바로 청동기에 있다. 청동기는 매우 귀했다. 청동기를 만드는 구리를 구하기도 힘들고, 만들기도 어려웠기 때문이다. 그래서 반짝반짝 윤이 나는 청동 거울과 멋진 청동검을 가진 사람은 "나는 청동기를 가졌다."라고 힘을

제천 지역 고인돌에서 발견된 사람 뼈 남한과 북한에 흩어져 있는 고인돌에서 사람 뼈가 발견된 경우가 여러 차례 있다.

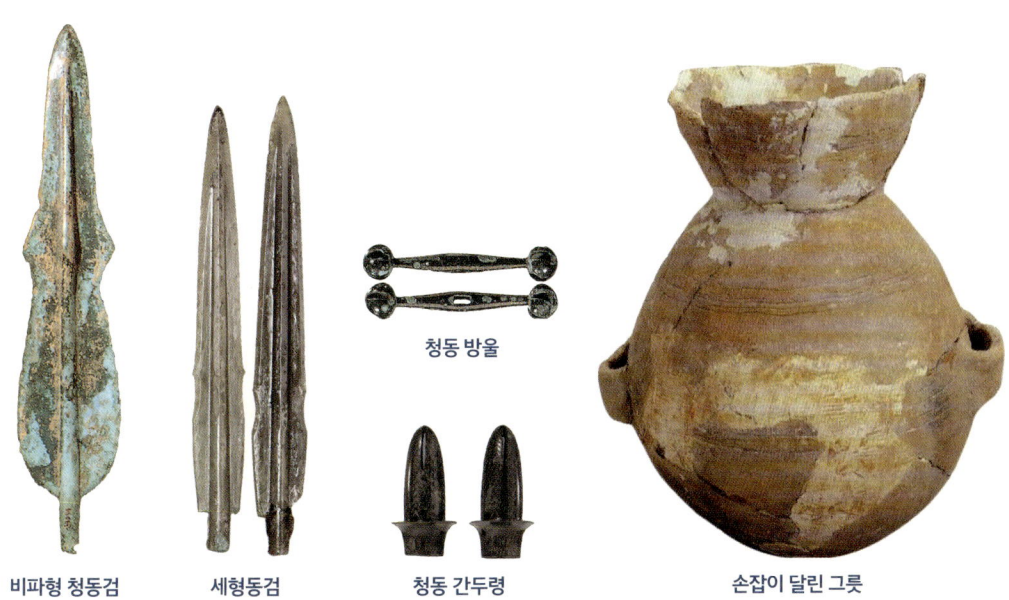

비파형 청동검 세형동검 청동 간두령 청동 방울 손잡이 달린 그릇

자랑했을 것이다.

고인돌에서 발견된 뼈의 주인은 힘쎈 남자들을 수백 명씩 불러 모아 여러 날 동안 일을 시킬 힘이 있었을 것이다. 뼈의 주인은 수천 명의 사람들이 사는 큰 마을을 지배했을 수도 있고, 여러 마을을 동시에 지배했을 수도 있다. 청동검을 들고 전쟁을 지휘하고, 주변 마을을 차지하고, 전쟁에 진 사람들을 노예로 잡아오기도 했을 것이다.

마을 사람들은 그 사람을 군장이라고 불렀다. 군장은 마을 사람들을 이끌고 하늘에 제사를 지냈다. 고인돌에는 큰 힘을 가진 군장이나 전쟁터에서 죽은 신분 높은 전사들이 묻힐 수 있었다.

하늘이시여! 우르르 쾅쾅 비를 내려 주소서!

고인돌에 묻힌 사람은 _____ 이다.

구리네 마을에서
가장 힘센 사람은 누구였을까?

안녕! 나는 송국리에 사는 구리야. 우리 마을은 실개천을 낀 야트막한 산 위에 있어. 굵은 나무 기둥 울타리가 마을을 빙 둘러싸고 있고, 그 앞으로 도랑이 흘러. 높은 망루에 올라가면 누가 우리 마을을 공격해 오는지 금방 알 수 있어.

요즘 마을 사람들은 농사일로 바빠. 반달 돌칼로 곡식 이삭을 잘라내 햇볕에 말리고, 또 마을 공동 창고로 옮겨야 하거든. 공동 창고는 군장님이 관리하셔.

군장님은 우리 마을에서 가장 힘이 센 분이야. 그래서 모두가 군장님의 명령에 복종해. 군장님이 목에 청동 거울을 걸고 청동 방울과 청동검을 들고 하늘

뒤집어! 다 타겠어.

암호를 대라!

난 농사 체질은 아니야.

에 제사를 지낼 때는 너무 눈이 부셔서 쳐다볼 수도 없어.

얼마 전에 산 아랫마을 사람들이 우리 마을을 공격해 왔어. 곡식 창고와 논밭을 빼앗으러 온 거야. 다행히 우리 마을이 이겼지만, 여러 사람이 죽고 말았어. 전쟁에서 진 아랫마을 사람들은 곡식 항아리 여러 개와 물고기 말린 것을 군장님께 바쳤어. 군장님은 이것을 마을 사람들에게 나누어 주시고, 싸움에서 돌아가신 분들을 위로하는 제사를 올렸어.

어른들은 밤낮으로 망루에 올라가 마을을 지키고 있어. 나는 우리 마을이 힘이 약해져서 또 공격을 받으면 어쩌나 많이 걱정 돼.

그 후에 구리네 마을은 무사했을까? 지금 남아 있는 송국리 마을 집터마다 불에 탄 흔적이 발견된다. 아마도 이웃 마을 사람들의 공격을 받아서 송국리 마을 전체가 불에 타 버린 모양이다.

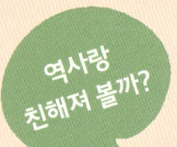

두 마을의 차이를 찾아라!

다음의 두 그림은 갈돌이네 마을과 구리네 마을이다.
두 마을 사람들의 생활이 어떻게 달라졌는지 살펴보자.

■ 친구들의 대화를 읽으며 빈 곳에 알맞은 말을 써 넣고, 구리네 마을에서만 볼 수 있는 모습에 ○ 해 보자.

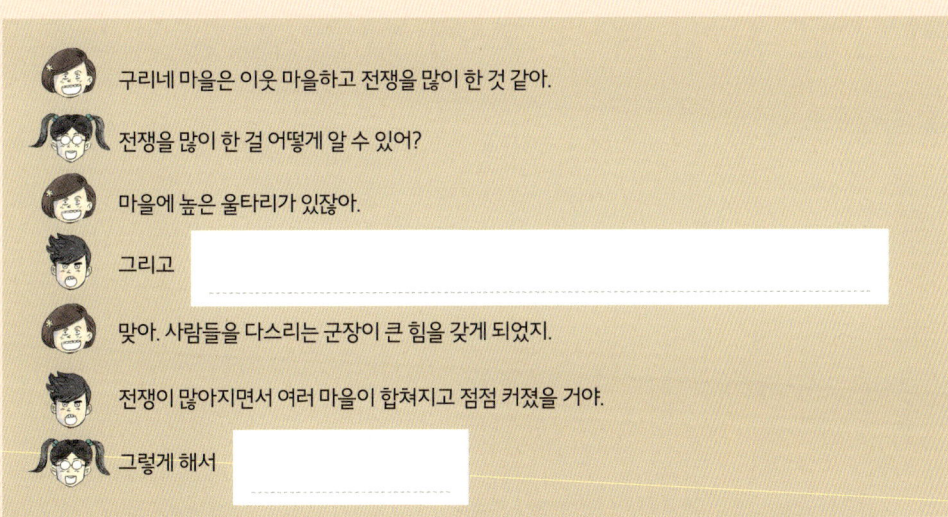

- 구리네 마을은 이웃 마을하고 전쟁을 많이 한 것 같아.
- 전쟁을 많이 한 걸 어떻게 알 수 있어?
- 마을에 높은 울타리가 있잖아.
- 그리고 _____
- 맞아. 사람들을 다스리는 군장이 큰 힘을 갖게 되었지.
- 전쟁이 많아지면서 여러 마을이 합쳐지고 점점 커졌을 거야.
- 그렇게 해서 _____

■ 두 마을 사람들의 생활 모습에서 어떤 점이 달라졌는지 이야기해 보자. 그리고 구리네 마을 사람들이 사용한 도구를 〈보기〉에서 골라 빈 곳에 이름을 써 보자.

돌괭이   거푸집   반달 돌칼

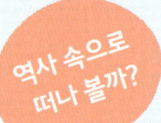
역사 속으로 떠나 볼까?

다양한 고인돌이 모여 있는 고창으로!

고인돌 체험마당에서는 고인돌을 직접 옮겨 볼 수 있고, 코스별 고인돌 유적지와 고인돌 박물관에서 선사 시대 사람들의 생활 모습을 느낄 수 있다. 고창 고인돌 공원에 찾아가 보자.

제3코스는 가장 넓은 공간이고, 여러 가지 모양의 고인돌이 모여 있다.

고창 고인돌 공원은 코스가 6개이다. 코스마다 고인돌의 모양이 다르다. 제1코스부터 차례로 가 보자.

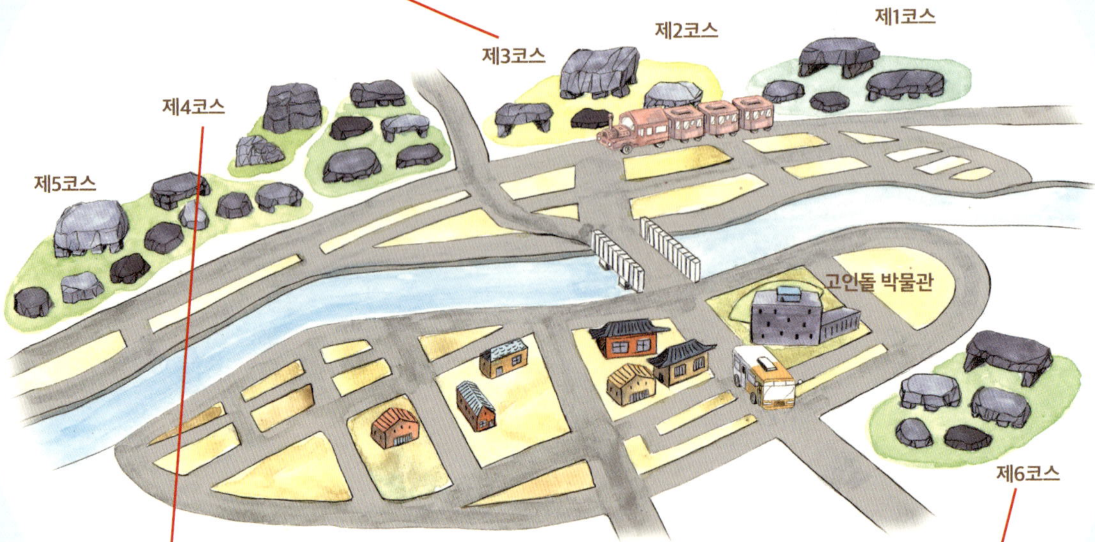

제4코스 뒤에 산이 있는데, 거기서 굴러온 돌이나 직접 캔 돌로 고인돌을 만들었다. 가장 큰 돌은 1,200명이 운반해야 할 정도였다고 한다.

제6코스는 걷기엔 멀어서 고인돌 열차를 이용하면 편하다. 이곳에는 집처럼 생긴 약 2미터 높이의 탁자 모양 고인돌이 있다.

제1코스

■ 고인돌마다 굄돌의 개수가 다르다. 모양이 다른 고인돌을 찾고, 다리 개수를 써 보자.

제3코스

■ 최대한 고인돌이 많이 나오도록 사진을 찍어 보자.

제2코스

■ 가장 큰 돌을 찾아서 팔둘레나 발걸음 등으로 크기를 재어 보자.

제5코스

■ 줄지어 놓인 고인돌을 찾아보고, 왜 그렇게 놓여 있을지 상상해 보자.

고조선 사람들은 어떻게 살았을까?
고조선 이후에는 어떤 나라들이 성장했을까?
철갑옷을 가장 잘 만드는 나라는 어디였을까?

첫 나라
고조선의
탄생

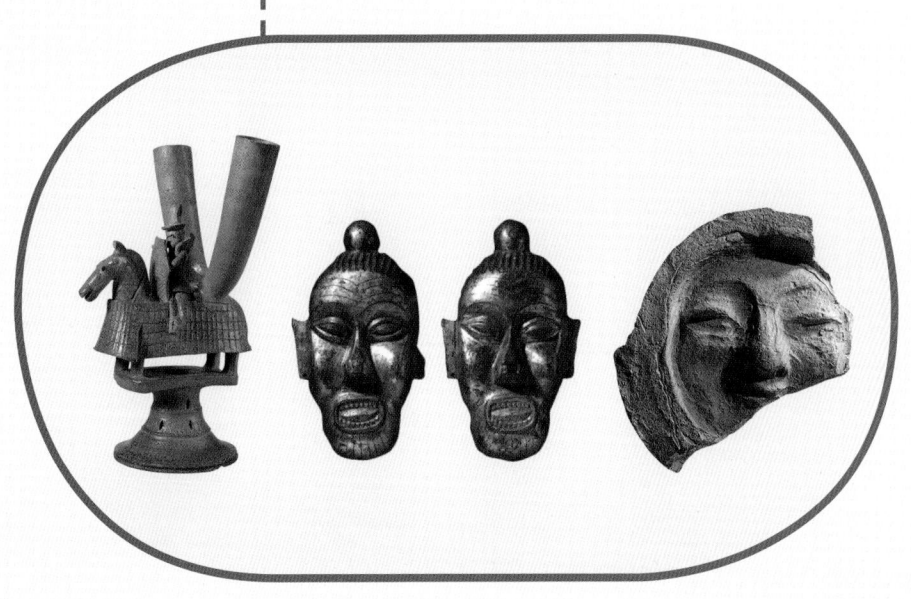

고조선 사람들은 어떻게 살았을까?

고조선은 군장이 지배하는 큰 마을이 여러 개 모여 이루어진 나라였다. 그리고 군장들을 이끄는 우두머리를 단군왕검이라고 불렀다.

고조선 사람들은 일 년에 한 번 하늘에 제사를 지냈다. 하늘과 땅을 이어 주는 신령스러운 나무 앞에 제단이 차려지면 청동 거울과 청동 방울로 장식한 단군이 모습을 드러냈다. 단군이 하늘을 향해 두 손을 높이 들어 올리면 사람들은 모두 엎드려 절을 올렸다.

엄숙한 분위기가 한창일 때 연극이 시작되었다. 하느님의 아들 환웅이 내려와 인간 세상을 다스리는 장면에 이어 곰과 호랑이로 분장한 사람들이 나와 춤을 추었다. 사람이 된 곰이 환웅을 만나 단군이 태어나고 고조선을 세우면 연극의 막이 내려지고 제사도 끝이 났다.

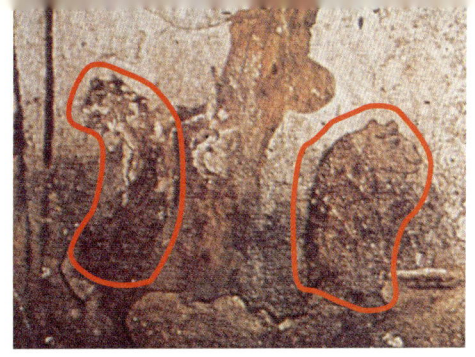

각저총 벽화의 곰과 호랑이 단군 신화는 고구려의 고분 벽화에도 그려졌다. 선으로 표시한 부분이 각저총 벽화에 그려진 단군 신화 속 곰과 호랑이의 모습이다.

사람들은 '단군께서는 하늘의 손자이시고, 우리나라는 하늘이 지켜 주시는구나.'라고 생각했다.

제사가 끝나면 축제가 벌어졌다. 북소리와 악기 소리가 흥을 돋웠다. 축제가 무르익자 군장들이 모여 중요한 죄인을 재판했다. 고조선에는 절대로 어기면 안 되는 여덟 개의 법이 있었다. 그중 남아 있는 내용은 다음과 같다.

사람을 죽인 사람은 사형에 처한다.
남에게 상처 입힌 사람은 곡식으로 벌금을 내고 용서를 구한다.
남의 물건을 훔친 사람은 노비가 되어야 한다.

법은 힘없는 사람들에게 더욱 무섭고 엄격했다. 배가 고파서 남의 물건을 훔치면 꼼짝없이 노비가 되어야 했고, 벌금 낼 곡식이 없으면 더 큰 벌을 받아야 했다.

단군왕검이 한반도 주변의 청동기 마을을 모아 만든 최초의 나라는 _____이다.

고조선 이후에는
어떤 나라들이 성장했을까?

고조선보다 조금 늦게 만주의 드넓은 벌판에서 부여라는 나라가 일어났다. 부여 사람들이 사용한 금동 가면을 보자.

길쭉한 얼굴에 툭 튀어나온 광대뼈, 큼지막한 코와 귀, 쭉 찢어진 눈이 인상적이다. 머리카락은 둥글게 상투를 틀어올려 이마가 훤하게 드러났다.

부여 사람들은 밭농사를 짓고, 동물을 사냥하고, 말·소·돼지·개 등의 가축을 기르며 살았다.

금동 가면 만주에서 출토된 부여 사람의 얼굴 모습을 한 가면이다. 부여 사람들이 말이나 무기에 장식품처럼 붙였을 것이라고 추측하고 있다.

옛 사람들의 얼굴 둥근 얼굴에 활짝 웃는 백제 사람의 얼굴 유물(왼쪽)과 신라 사람들이 만든 흙 인형(가운데)과 기와 조각(오른쪽)이다. 입꼬리가 올라가도록 웃거나 지그시 미소 짓는 모습이 특징적이다.

고조선이 무너질 무렵, 부여의 남쪽에서는 고구려가 일어났다. 활 잘 쏘기로 유명했던 부여의 청년 주몽이 자기를 따르는 무리를 이끌고 가서 세운 나라이다.

험한 산악 지대에서 사냥하고 농사 짓던 고구려 사람들은 말도 잘 타고 싸움도 잘했다. 고구려는 부여와 경쟁하고, 중국의 여러 나라들과 싸우며 넓은 땅을 차지했다.

고구려 주몽왕의 아들 비류와 온조도 아버지처럼 자기를 따르는 사람들을 이끌고 남쪽으로 내려갔다. 한강 근처에 도착한 온조의 무리는 원래 그곳에 살던 사람들과 함께 백제를 세워 성장시켰다.

고조선 이후에 성장한 나라들

한반도 동남쪽에서는 신라가 주변의 작은 나라들을 아우르며 천천히 커 나갔다.

낙동강 근처에는 여섯 개의 나라로 이루어진 가야가 있었다. 이들 가운데 김해 지역의 금관가야가 이웃 나라에 철을 수출하면서 앞서서 발전해 나갔다.

철갑옷을 가장 잘 만드는 나라는 어디였을까?

기마 인물형 토기 가야 시대 굽다리접시, 갑옷으로 무장한 말과 무사 그리고 뿔잔이 결합된 토기이다. 경남 김해시 대동면 덕산리에서 출토되었다.

"이럇! 돌격!"

말을 탄 장군은 갑옷을 입고 투구를 쓰고, 한 손에 방패를 다른 한 손에 창을 들었다. 말도 튼튼한 갑옷을 입었다. 말의 엉덩이 부분에는 길쭉한 뿔이 두 개 달려 있다. 모양이 재미있는 이 잔은 가야 사람들이 만든 토기이다.

가야의 장군과 말은 정말로 토기와 같은 모습의 갑옷을 입었을까?

확인할 수 있는 방법이 있다. 가야를 다스렸던 지배자들의 무덤에서 말 갑옷과 말 얼굴 가리개, 갑옷과 투구들이 쏟아져 나왔기 때문이다. 갑옷과 투구는 왼쪽의 토기와 쏙 빼닮았다. 이 모든 것은 단단한 철로 만들어졌다.

가야 사람들이 철을 다루는 기술은 이웃 나라들 가운데 단연 최고였다. 가야의 대장간에서는 도끼·낫·따비 같은 철제 농기구와 칼·창 같은 철제 무기와 철갑옷을 만들었다.

판갑옷과 투구 판갑옷은 철판을 통째로 이어 붙여서 만든 갑옷으로, 전통적으로 가야에서 사용했다.

이때 가장 중요한 것은 덩이쇠였다. 덩이쇠는 철을 납작한 판 모양으로 다듬은 것인데, 필요할 때 불에 살짝 녹여 두드리면 원하는 도구를 쉽게 만들 수 있었다.

덩이쇠 덩이쇠는 화폐처럼 사용되었다. 중국, 왜 등과의 교역에 사용되기도 하였다.

철은 김해의 금관가야에서 가장 많이 생산되었다. 김해(金海)라는 지명 자체가 '철의 바다'를 뜻한다. 그래서 한반도에 있는 나라들은 물론이고, 바다 건너 왜인들까지 금관가야에 덩이쇠와 철제 도구를 사러 왔다.

그러자 대가야, 소가야 등이 철이 많고 교통이 편리한 금관가야 지역을 차지하려고 다투었다. 백제와 신라도 금관가야를 손에 넣으려고 끊임없이 괴롭혔다. 결국 금관가야는 신라에게 무릎을 꿇었고, 다른 가야들도 차례로 신라에 정복당했다.

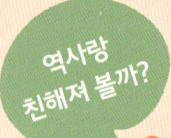
역사랑 친해져 볼까?

왕들이 알에서 태어났다고?

고구려의 고주몽, 신라의 박혁거세, 가야의 김수로에게는 공통점이 있다. 첫째 모두 나라를 세웠다는 점, 둘째 알에서 태어났다는 설화가 전해진다는 점!

■ 세 왕이 들려주는 이야기를 들어 보자.

나로 말할 것 같으면 아버지는 하늘에서 내려온 해모수, 어머니는 물의 신 하백의 딸 유화예요. 어머니가 알을 낳자 부여 왕이 내다버렸는데, 동물들이 보호해 주었대요. 알에서 나온 나는 고구려를 세우고 동명왕이 되었어요.

고주몽

전 부모님을 모릅니다. 사로6촌 촌장들이 산기슭 우물가에서 흰 말이 무릎을 꿇고 우는 것을 봤다고 합니다. 말이 하늘로 날아간 자리에 알이 하나 있어서 깨 보았더니, 내가 나왔다더군요.

박혁거세

사람들이 구지봉 근처에 모여서 왕을 보내 달라고 춤추고 노래를 했대요. 이때 하늘에서 내려 준 상자에 알 여섯 개가 있었는데, 알을 깨고 가장 먼저 나온 사람이 나예요. 나는 금관가야의 왕이 되었어요.

김수로

■ 다음은 세 왕이 태어나던 모습을 그린 우표이다. 빈 곳에 알맞은 왕의 이름을 써 보자.

■ 옛 사람들은 나라를 세운 왕이 왜 알에서 태어났다고 믿었을까? 친구들의 이야기를 읽고 내 생각도 말해 보자.

 왕은 보통 사람하고는 다르고 훌륭하니까, 태어날 때도 뭔가 달랐을 거라고 생각한 것 같아. 신기하잖아, 알에서 나왔다니!

 알은 새가 낳잖아? 하늘도 날고, 땅에도 내려앉는 새! 하늘과 땅을 연결하는 동물이니까 왕이 새처럼 하늘의 뜻을 전한다고 생각하지 않았을까?

 알은 둥글게 생겼잖아. 둥근 알에서 태어난 왕이 사람들끼리 다투거나 문제가 생겼을 때, 어느 한쪽 편을 들지 않고 잘 해결해 주기를 바란 것 같아.

고구려 사람들은 왜 높은 산 위에 성을 쌓았을까?
안시성의 고구려군은 당나라군을 어떻게 물리쳤을까?
아차산성의 주인은 몇 번 바뀌었을까?
삼년산성은 누가 쌓고 누가 지켰을까?
왕들은 거대한 절과 탑을 왜 만들었을까?

산성은 더 높게,
절은 더 크게

고구려 사람들은 왜 높은 산 위에 성을 쌓았을까?

중국 동북 지역에는 랴오허강을 따라 평평한 땅이 펼쳐져 있다. 랴오허 벌판이라 불리는 이곳에는 높다랗고 가파른 산이 있는데, 이 위에 고구려 사람들이 큰 성을 하나 쌓았다.

산성의 이름은 백암성! 험한 바위산 위에 돌로 쌓아 올린 성벽은 손가락 하나 들어갈 틈 없이 튼튼하게 지어졌다. 현재는 북쪽 성벽과 동쪽 성벽만 남아 있다. 북쪽 성벽은 5~6미터, 즉 아파트 3층 정도의 높이라 올라갈 엄두조차 내지 못한다. 동쪽 성벽은 북쪽 성벽보다 더 가파른 지형이라 걸어 올라가기도 힘들다. 남쪽은 랴오허강의 갈래인 태자하가 흐르는 절벽과 맞닿아 있다. 남아 있는 흔적만 보아도 백암성은 아무리 공격해도 함락시킬 수 없는 성이라고 할 만하다.

위에서 내려다 본 태자하 백암성의 남쪽은 태자하가 흐르는 절벽 위에 있다.

백암성 북쪽 성벽 아파트 3층 높이로, 실제로 가 보면 매우 높다.

고구려는 험한 산악 지역에서 일어난 나라이다. 중국의 여러 나라들과 경쟁하면서 성장했던 고구려는 적이 쳐들어오는 주요 길목마다 산성을 쌓고 공격에 대비했다. 산성은 전쟁을 치르기 위해 지었지만, 평상시에는 관리가 머물며 주변 지역을 다스렸다.

그중에서도 당나라와의 국경 지대에 있던 백암성은 특히 중요했다. 백암성을 통과해야만 고구려 땅으로 들어갈 수 있었기 때문이다. 고구려 병사들은 성의 가장 높은 곳에서 망을 보다가 적이 가까이 다가오면 공격을 퍼부었다. 하지만 백암성은 당나라 태종의 군대에게 함락되고 말았다. 고구려로 들어가는 문이 당나라에게 열리고 만 것이다.

산성의 나라 고구려 랴오둥성처럼 평평한 땅에 세운 평지성도 있었지만, 대개는 산성을 쌓았다. 수도 평양의 경우에는 평지성과 산성을 함께 쌓았다. 평상시에는 평지성에서 생활하고, 주변의 나라가 침략해 오면 산성으로 옮겨 가서 싸웠다.

고구려 사람들은 _____성보다 _____성을 더 많이 쌓았다.

안시성의 고구려군은 당나라군을 어떻게 물리쳤을까?

"장군님, 큰일 났습니다. 백암성이 당나라군에게 함락되었답니다. 지금 우리 안시성으로 공격해 오고 있답니다."

안시성의 성주 양만춘은 병사들과 성 안팎 사람들을 모두 불러들였다.

"우리 안시성은 삼면이 절벽으로 둘러싸인 요새이다. 제아무리 30만 대군이라도 우리를 쉽게 무너뜨릴 수 없다!"

백암성이 함락당한 지 열흘째 되는 날, 당나라군이 안시성에 나타났다. 고구려군은 성문을 굳게 닫고 버텼다. 그러나 안시성을 도우러 오던 고구려군마저 당나라군에게 크게 지고 말았다.

"성벽에 사다리를 대고 올라가라!"

사기가 오를 대로 오른 당나라 군사들이 안시성 성벽을 새까맣게 기어오르기 시작했다.

"성문을 굳게 지켜라!"

고구려 군사들은 성벽 중간중간에 튀어나온 '치'로 몰려가 세 방향에서 공격을 퍼부어 당나라군이 성 안으로 들어오지 못하게 막았다.

성문 양쪽의 망루에서 화살 세례가 빗발치자 당나라 군사들은 제대로 공격할 수 없었다. 하루에도 예닐곱 차례씩 치열한 전투가 벌어졌지만 안시성은 끄떡도 하지 않았다.

"안 되겠다. 안시성보다 높게 흙으로 산을 쌓아라!"

당나라군은 안시성 동남쪽에 성벽보다 높은 흙산을 쌓아 올려 그 위에서 공격할 셈이었다. 그런데 큰 비가 내려 흙산의 귀퉁이가 무너져 내리면서 안시성 성벽과 맞닿았다. 고구려 병사들은 순식간에 흙산까지 점령해 버렸다.
　시간이 지나면서 당나라군의 기세가 꺾이기 시작했다. 식량이 떨어지고 날씨까지 추워지면서 군사들이 지쳐 갔기 때문이다. 안시성을 공격하는 석 달 동안 당나라군의 절반 이상이 죽거나 부상을 입었다. 마침내 당나라 태종은 남은 군사들을 이끌고 돌아가려고 발길을 돌렸다. 그러나 고구려 군사들은 후퇴하는 당나라군을 뒤쫓아가 크나큰 피해를 입혔다.

아차산성의 주인은 몇 번 바뀌었을까?

"백제의 땅을 빼앗아 남쪽으로 영토를 넓혀야겠다!"

고구려의 장수왕은 병사 3만 명을 이끌고 남쪽으로 내려가 백제를 공격했다. 한강이 내려다보이는 곳에 위치한 아차산성은 원래 백제의 것이었는데, 장수왕의 아버지 광개토왕이 빼앗았다.

백제의 개로왕은 고구려의 공격에 대비해 위례성을 더 튼튼하게 손질했다. 하지만 고구려와의 전투에서 패하고 개로왕은 아차산성에서 목숨을 잃었다. 장수왕은 기세를 몰아 백제의 성을 열 개나 더 빼앗아 충주까지 영토를 넓혔고, 기념하는 비석도 세웠다. 아버지를 잃은 백제 왕자는 눈물을 머금고 공주로 도읍을 옮겼다.

이 모든 과정을 지켜보고 있던 신라의 왕은 바짝 긴장했다. 그래서 충주와 가까운 삼년산성을 수리하고 관산성을 새로 쌓아 세력을 넓힐 수 있는 기회를 엿보았다.

마침내 기다리던 때가 왔다. 고구려가 당나라와 싸우는 사이에 신라는 백제와 손을 잡고 한강 유역의 땅을 도로 빼앗았다. 그리고 단양에 비석을 세워 신라가 새로운 주인임을 알렸다.

화가 난 고구려의 왕은 온달 장군을 아차산성으로 보내 신라를 공격했다. 그러나 온달 장군은 신라군과 싸우다가 화살을 맞아 전사했다. 결국 아차산성마저 신라의 손에 들어가고 말았다.

삼국이 쌓은 산성 고구려, 백제, 신라 사이에 다툼이 치열한 지역에 성을 집중적으로 쌓았다.

이번에는 백제와 신라가 한강 유역을 차지하기 위해 싸웠다. 신라가 이겼지만 백제도 쉽게 물러서지 않았다. 백제의 의자왕은 신라의 성을 40개나 빼앗았다. 신라에게 아주 중요한 대야성을 차지했고, 신라의 딸과 사위를 죽이기까지 했다.

약 300년 동안 고구려, 백제, 신라의 왕들은 서로 끊임없이 전쟁을 벌였고, 경쟁하듯 산성을 쌓았다. 서로 차지하기 위해 치열하게 다퉜던 지역일수록 산성이 더 촘촘하게 많이 지어졌다.

산성을 쌓고, 서로 뺏고 빼앗기던 전쟁의 마지막 승리는 신라에게 돌아갔다. 가야를 손에 넣고 한강 유역까지 차지한 신라는 당나라군까지 끌어들여 백제와 고구려를 차례로 무너뜨렸다.

삼년산성은 누가 쌓고 누가 지켰을까?

"서둘러라, 서둘러! 하루라도 빨리 산성을 완성해야 백제와 고구려의 공격에서 우리 신라를 지킬 수 있다!"

관리의 고함 소리에 돌을 지고 나르는 사람들의 움직임이 빨라졌다.

나라 곳곳에서 모인 수천여 명의 사람들은 밤낮을 가리지 않고 흙을 다지고 돌을 깎아 올렸다. 신라 사람들은 산성을 쌓고 궁궐을 짓는 공사 현장에 불려 나가 몇 달씩, 때로는 몇 년씩 일해야 했다. 농사지어 세금을 바치고 나면 먹고 살기도 빠듯한 사람들이 나라가 벌이는 공사 현장에 가서 오랜 기간 일하기란 몹시 큰 부담이었다. 위험한 일을 하다가 다치거나 목숨을 잃어도 억울함을 하소연할 길이 없었다.

드디어 충청북도 보은 근처의 야트막한 산 위에 산성이 우뚝 솟았다. 동서남북으로 모두 통하는 길목인 보은은 고구려와 백제, 신라 모두가 탐내는 곳이었다. 이 산성은 꼬박 3년 걸려 쌓았다 하여 '삼년산성'이라고 불렸다. 삼년산성은 축구장 31개를 합친 것만큼 넓고, 성벽도 아주 높았다. 신라는 이곳에서 무려 151차례나 전투를 치렀는데, 단 한 번도 진 적이 없다.

평상시에 산성을 지키고, 전투가 벌어졌을 때 산성에서 목숨 바쳐 싸우는 일도 보통 사람들에게 주어진 의무였다. 신라의 청년 가실은 바로 그 의무 때문에 사랑하는 여인과 헤어질 뻔했다. 가실은 한 동네에 사는 설씨 아가씨를 좋아했다. 그런데 끊임없는 전쟁 때문에 설씨 아가씨의 늙은 아버지까지 군대에 끌려가게 되었다. 설씨 아가씨가 아버지 걱정에 눈물 마를 날이 없자, 가실은 자기가 군대에 다녀오기로 마음먹었다. 설씨 아가씨는 가실이 돌아오면 결혼하자고 약속하였다. 그러나 약속한 3년 뒤에도 가실은 돌아오지 않았다.

　더 오랜 시간이 지난 6년 후 가실은 거지 꼴로 돌아왔다. 마을 사람들은 그를 알아보지 못했지만, 설씨 아가씨가 가실을 알아보았다.

　"이제야 돌아왔군요."

　설씨 아가씨는 가실의 손을 잡고 눈물을 흘렸다. 둘은 마침내 결혼하였다.

　왕과 장군들이 영토를 넓히기 위해 산성을 쌓고 전쟁을 벌이는 동안, 보통 사람들은 병사로 끌려가 가족과 이별하는 아픔을 겪었고, 죽거나 다쳤다. 신라뿐 아니라 고구려와 백제 사람 모두 마찬가지였다.

왕들은 거대한 절과 탑을 왜 만들었을까?

백제의 무왕에게는 큰 꿈이 있었다. 그 꿈은 고구려와 신라에게 빼앗긴 땅을 되찾아 백제의 기를 되살리는 것이었다. 꿈을 이루기 위해 신라를 공격했지만 무왕은 뭔가 부족하다고 느꼈다.

"전쟁으로 지친 백제 사람들의 마음을 하나로 모으고, 나의 위대함을 알릴 방법이 뭘까? 옳지, 바로 그거야!"

무왕은 큰 절을 지으라는 명령을 내렸다. 36년에 걸쳐 지은 미륵사는 어마어마한 규모를 자랑했다. 신라에서 가장 큰 절인 황룡사의 두 배 크기였다.

부처님을 모신 건물들은 녹색 기와, 연꽃 문양 기와로 화려하게 꾸몄다. 절 한 가운데에 세운 구층목탑은 지금의 아파트 20층 높이쯤 되었고, 목탑의 양쪽에 세운 화강암으로 만든 석탑도 만만치 않게 높았다. 백제 사람들은 미륵 부처님이 나라를 위기로부터 지켜 줄 것이라 굳게 믿었다.

미륵사지 석탑

신라의 경주에도 미륵사만큼 큰 탑이 있는 황룡사라는 절이 있었다. 황룡사의 마당 한 가운데에 있는 거대한 9층짜리 목탑은 선덕여왕이 세웠다. 황룡사 구층목탑은 백제의 미륵사 구층목탑보다 더 높게 만들어서 지금의 아파트 25층 높이쯤 되었다.

"황금빛 용은 신라의 왕! 왕은 부처님처럼 위대하다."

왕들은 자신이 바로 살아있는 부처님이며, 신라가 부처님의 나라라고 선전했다.

황룡사는 지금 터만 남아 있다. 미륵사도 무너진 석탑 하나만 남고 역사 속으로 사라졌다. 고구려에도 절이 많았다. 광개토왕 때는 평양에 큰 절을 아홉 개나 지어 왕실과 나라의 발전을 빌었다.

고구려, 백제, 신라의 왕들은 화려한 절을 지어 불상과 탑을 만들었고, 부처님이 자기들의 나라를 지켜 준다는 믿음을 널리 퍼뜨렸다. 많은 사람들이 의지하고 따르는 부처님의 힘을 빌려 나라를 다스리고 싶었기 때문이다.

황룡사와 구층목탑을 복원한 모형도

삼국의 백성들은 왕을 _____ 님 모시듯 대했다.

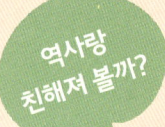

부처님, 제 소원을 들어주세요!

고구려, 백제, 신라가 산성을 쌓고 경쟁하는 동안, 불교가 중국을 거쳐 전래되었다. 불교를 세운 석가모니는 세상 사람들이 온갖 고통을 이겨 내고 마음의 평화를 찾기를 희망했다. 세 나라 사람들은 삶이 고달프고 힘들 때 부처님을 찾아가 소원을 빌었다.

■ 부처님의 손 모양에 어떤 의미가 있는지 알아보자. 부처님의 미소와 손 모양을 따라 해 보고, 세 나라 사람들이 어떤 소원을 빌었을지 생각해 보자.

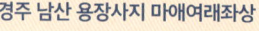
경주 남산 용장사지 마애여래좌상

허리 아파서 오래는 못 하겠네요.

항마촉지인. 지하 세계에서 나를 나쁜 길로 유혹하는 온갖 마귀를 눌러 이기고, 마침내 깨달음을 얻었다는 손 모양이란다.

석가모니불, 석가모니 부처님, 석가여래는 모두 같은 뜻이래.

농사 잘 되는 한강 쪽으로 이사 가고 싶어요.

부처님과 저는 이제 한 몸이에요.

지권인. 너희 같은 중생과 부처인 내가 둘이 아닌 하나라는 뜻이지. 나를 따르면 지혜를 얻을 수 있단다.

대구 팔공산 비로암 비로자나불좌상

서산 마애여래삼존상 중 가운데 부처님

똑같이 했죠?

신라 아가씨와 결혼을…!

시무외인과 여원인. 위로 든 손은 두려워하지 말라는 뜻이고, 아래로 향한 손은 소원을 들어준다는 뜻이란다.

잘 안 돼요, 부처님.

청양 장곡사 금동약사여래좌상

왼손에 약단지를 들고 있는 나는 약사불이란다. 몸과 마음의 모든 병, 세상의 모든 병을 고칠 수 있는 약을 가지고 있지.

제발, 전쟁이 안 일어나게 해 주세요.

그림 속 아광이는 어린이였을까?
가야 소녀 송현이의 마지막 소원은 무엇이었을까?
온달이 무사를 꿈꾸며 즐긴 놀이는 무엇일까?
설계두는 왜 신라를 떠났을까?
백제의 왕인은 왜 일본에 갔을까?

타고난 신분이 능력보다 중요해

그림 속 아광이는 어린이였을까?

수산리 고분 묘주 행렬도 벽화의 일부 고구려 귀족들의 옷차림과 꾸밈새, 나들이와 놀이 등 일상의 생활 모습을 표현하고 있다.

위의 그림을 보자. 멋진 관복 차림의 남편과 색동 주름치마를 예쁘게 차려 입은 부인이 나들이에 나섰다. 갖가지 재주를 부리는 광대의 공연도 펼쳐졌다. 귀족 부부가 햇살에 눈이 부실까, 얼굴이 그을릴까 조심스럽게 양산을 받쳐 든 두 사람이 뒤따르고 있다.

그런데 양산을 들고 있는 두 사람은 덩치가 아주 작다. 재주를 부리는 사람들도 마찬가지다. 혹시 어린이가 아닌지 의심스럽다.

67쪽 ①번 그림 속의 주인은 호화로운 커튼 아래 앉아 있다. 주인 옆에서 시중을 드는 사람도 66쪽의 그림처럼 주인보다 작게 그려져 있다. ②번 그림 속의 아비는 부엌에서 음식을 만들고, ③번 그림 속의 아광이는 우물가에서 물

안악3호분 벽화의 일부 고구려 고분 벽화 중 가장 크고 화려한 그림이 그려져 있다. ① 남자 주인의 모습, ② 부엌에서 일하는 모습, ③ 우물가에서 물 긷는 모습.

을 긷고 있다. 노비인 아광이와 아비는 평생토록 새벽부터 밤늦게까지 쉴 새 없이 일을 해야 했다.

고구려의 왕과 귀족들은 죽으면 산처럼 커다란 무덤에 묻혔다. 무덤 안에 방을 만들고, 벽에는 주인이 살았을 때의 모습을 그렸다. 앞에서 살펴본 그림들은 모두 무덤의 벽에 그려진 고구려 사람들의 생활 모습이다.

고구려 사람들은 벽화를 그릴 때 신분에 따라 사람 크기를 다르게 그렸다. 장군처럼 신분이 높은 사람이나 귀족들은 크게 그렸고, 음식을 만들거나 시중 드는 하녀와 노비, 광대처럼 신분이 낮은 사람은 작게 그렸다.

벽화에 그려진 사람들의 크기가 다른 것은 _____이(가) 다르기 때문이다.

가야 소녀 송현이의 마지막 소원은 무엇이었을까?

친구들 안녕? 난 얼마 전에 송현이라는 새 이름을 얻었어. 1,500년 전의 원래 이름이 뭐였는지는 잘 기억이 나지 않아.

내가 살았던 나라는 가야란다. 살아 있을 때 나는 노비였어. 아주 높은 신분이었던 주인님을 위해서 나는 온갖 집안일을 다 했어. 무릎이 망가지도록 기어 다니면서 마루를 닦았고, 주인님 시중을 들었지. 맛있는 음식을 예쁜 그릇에 담아 주인님께 올릴 때는 보람도 있었어.

이렇게라도 만나서 반가워.

송현동 고분 발굴 모습 경남 창녕군 송현동 고분을 발굴할 때 무덤 주인을 위해 묻은 노비들의 뼈가 함께 나왔다. 무덤 입구 쪽의 뼈를 복원해 보니 나이는 열여섯 살, 키는 152센티미터가량의 여자아이였다.

나에게도 꿈이 있었어. 좋아하는 사람과 결혼해서 사는 꿈, 열심히 일해 배고프지 않게 사는 꿈. 하지만 내 꿈은 이루어지지 않았어. 주인님이 돌아가셔서 다른 노비 셋과 함께 무덤에 묻혀야 했거든. 죽어서도 주인님의 시중을 들고 모시라는 뜻이었지. 주인님이 돌아가시면 노비가 함께 묻히는 풍습은 다른 나라에도 있었어. 이웃나라 신라도 그렇다고 들었어.

무덤에 묻히는 날에 나는 평생 처음으로 예쁜 옷을 입고 가죽 신발을 신었어. 아주 비싼 금 귀걸이도 했어. 나는 마지막 소원을 빌었어. 만약 다시 태어난다면 높은 신분으로 태어나게 해 달라고 말이야.

내가 궁금하면 경상남도 창녕군 송현동으로 오렴. 그곳에 내가 주인님을 따라 묻혔던 커다란 무덤이 남아 있으니 말이야.

황남대총 신라에도 주인이 죽으면 노비를 함께 묻는 풍습이 있었다. 경북 경주시 황남동에는 부부가 묻힌 고분이 있다. 북쪽 무덤에는 부인이, 남쪽 무덤에는 남편이 묻혔다. 남편 무덤에서 열두 살가량의 여자아이 뼈가 발견되었다. 주인의 시중을 들라고 함께 묻은 여자아이로 추정된다.

온달이 무사를 꿈꾸며 즐긴 놀이는 무엇일까?

온달은 고구려 하급 귀족의 아들로, 어머니와 단둘이 사는 소년이었다. 몸집이 크고 날쌘 온달은 장군이 꿈이었다. 경당이라는 학교에 다니며 무술도 배우고 공부도 하고 싶었지만 너무 가난해서 그럴 수 없었다. 그래도 혼자서 나무 칼을 만들어 휘두르며 무기 쓰는 법을 익혔다. 어쩌다 장군의 행렬이 지나가면 무사들의 모습을 유심히 살폈다. 축제가 벌어지면 씨름판에 끼어 어른에 뒤지지 않는 힘을 자랑했다. 여느 고구려 어린이처럼 온달도 몸을 움직이며 놀기를 좋아했다.

고구려 평원왕에게는 평강이라는 딸이 있었는데, 평강 공주는 온달을 좋아

말을 타고 달리면서 활을 쏘아 과녁을 맞히는 모습이 그려진 덕흥리 고분 벽화

매사냥하는 모습이 그려진 삼실총의 벽화

씨름하는 모습이 그려진 각저총의 벽화

했다. 그래서 아버지의 반대를 무릅쓰고 온달과 결혼하였다. 평원왕은 온달을 사위로 인정하지 않았다. 평강 공주는 남편을 훌륭한 장군으로 만들기 위해 글공부를 시키고, 말 타고 활 쏘는 연습도 시켰다. 실력을 갈고 닦은 온달은 사냥 대회에 나가서 사슴을 가장 많이 잡았다. 이를 지켜본 평원왕은 온달을 사위로 인정하고 장군으로 임명하였다.

귀족들은 온달이 장군으로 출세하자 못마땅해하며 비웃었다.

"바보 같은 녀석이 고구려의 장군이 되다니."

"울보 평강 공주랑 결혼하더니 출세했네."

온달은 평원왕을 도와 신라에 빼앗긴 땅과 산성을 되찾으려고 애썼다. 하지만 아차산성에서 싸우다 화살에 맞아 죽고 말았다. 뜻을 이루지 못한 온달의 억울함이 얼마나 컸던지, 관이 땅바닥에 붙은 것처럼 꼼짝도 하지 않았다.

"이제 모든 것을 내려놓고 편안히 가세요."

평강 공주가 어루만지며 말하자, 그제야 관이 움직여서 고구려로 돌아갈 수 있었다.

설계두는 왜 신라를 떠났을까?

　신라에 김춘추라는 소년이 살았다. 친할아버지는 진지왕이고, 외할아버지는 진평왕이니 뼛속까지 왕족이었다. 김춘추는 으리으리한 기와집에 살았고, 왕족만 입는 자줏빛 옷을 입었으며, 가장 큰 수레를 타고 다녔다.

　김춘추는 화랑이 되어 낭도들을 수십 명씩 이끌고 산과 들, 강으로 다니며 활쏘기, 칼 쓰기 등의 무예를 닦았고, 틈틈이 역사책을 읽고 글공부를 했다. 가장 친한 친구는 가야 왕족이었던 김유신이었다. 김유신도 유명한 화랑으로, 낭도들 사이에서 인기가 높았다.

　두 사람은 자주 어울려 공놀이를 했다. 어느 날 김유신이 공을 차고 나가는 김춘추의 옷고름을 밟아 웃옷이 찢어졌다. 김유신은 김춘추를 자기 집으로 데리고 가서 여동생에게 옷을 꿰매 달라고 했다. 김춘추는 그때 반한 김유신의 여동생과 결혼했다.

　김춘추는 가장 높은 관직에 올라 당나라를 오가며 뛰어난 외교 능력을 펼쳤다. 김유신도 대장군으로 승승장구했다. 두 사람은 신라가 백제와 고구려를 무너뜨리고 삼국을 통일하는 데 큰 역할을 했다. 김춘추와 김유신이 중요한 직책을 맡을 수 있었던 것은 능력도 있었지만 신분이 높은 왕족과 귀족이었기 때문이다.

　6두품 신분인 설계두는 김춘추가 부러웠다. 설계두는 군인으로 출세해서 대장군이 되고 싶었다. 하지만 6두품 신분으로는 대장군까지 오를 수 없었다.

신라의 법이 그랬다.

"나 같은 6두품은 아무리 능력이 뛰어나고 죽어라 노력해도 왕족으로 타고 난 김춘추처럼 될 수 없어. 난 능력만 있으면 출세할 수 있는 당나라로 갈래!"

당나라로 건너간 설계두는 군인이 되었다. 그러나 당나라가 고구려를 공격할 때 태종을 돕다가 목숨을 잃고 말았다. 당나라 태종은 "당나라 사람도 죽음을 두려워하는데, 외국인으로서 우리를 위해 목숨을 바쳤으니 무엇으로 그 공을 갚겠는가?"라며 자기의 옷으로 시신을 덮어 주고 대장군의 관직을 내렸다.

설계두는 신라에서 인정받지 못했지만 당나라에서는 자신의 능력을 인정받았다.

설계두는 신라에서 _____(를)을 인정받지 못해서 당나라로 갔다.

백제의 왕인은 왜 일본에 갔을까?

일본 오사카 히라카타에 있는 왕인의 묘

일본의 오사카에는 백제에서 온 '오경박사' 왕인의 묘가 있다. 백제 사람이 왜 일본 땅에 묻힌 걸까? 오경박사는 무엇을 하는 사람이었을까?

백제에는 유학에 뛰어난 오경박사, 기와 굽는 전문가인 와박사, 천문과 점술 전문가인 역박사, 의학에 뛰어난 의박사처럼 여러 분야의 박사가 있었다.

왕인은 어렸을 때 책 읽기를 좋아했다. 여덟 살 때 왕인은 유학을 배워 백제를 위해 일하는 관리가 되겠다고 결심했다. 당시에는 유학을 공부하여 시험에 통과하면 오경박사가 되어 나랏일을 할 수 있었다.

왕인은 학당에 들어가 공부하다가, 동네 뒷산에서 조그만 석굴을 하나 발견했다. 왕인은 그곳에 틀어박혀 밤낮을 가리지 않고 책을 읽었다. 그리고 열여덟 살에 오경박사가 되었다.

오경박사는 관리이자 유학을 가르치는 선생의 역할을 했다. 왕인은 관리가 되고 싶어 하는 백제의 청년들을 가르치면서 이름이 알려지기 시작했다. 급기야 바다 건너 일본에까지 알려지기에 이르렀다.

"왕인이 우리 왕세자의 스승이 되면 백제의 학문과 문화도 배울 수 있을 텐데……."

일본 왕은 백제 왕에게 사신을 보내 왕인을 일본으로 보내 줄 것을 청했다. 백제 왕은 잠시 고민했지만 일본과 잘 지내기 위해 요청을 받아들였다.

왕인은 도자기 기술자, 기와 기술자 등 수십 명과 함께 배를 타고 일본으로 떠났다. 왕인의 짐 속에는 『논어』와 『천자문』이 들어 있었다. 왕인은 일본 왕세자를 가르치며 세상을 떠날 때까지 일본에서 살았다. 왕인과 함께 간 사람들도 일본의 학문과 문화 발전에 큰 역할을 했다.

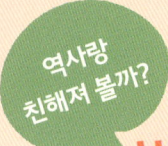

벽화에서 '나'를 찾아봐!

고구려 사람들이 남긴 무덤에는 돌로 된 방이 있다. 그 방의 벽에는 무덤 주인을 비롯한 많은 사람들의 모습이 그려져 있다. 이 그림을 벽화라고 하는데, 벽화를 통해 고구려 사람들의 생활 모습을 알 수 있고, 소망도 엿볼 수 있다.

■ 벽화에는 일하는 사람들의 모습이 생생하게 그려져 있다. '나'의 이야기를 잘 듣고 그림에서 '나'를 찾아보자.

나는 주인님을 모시는 사람이에요. 오늘 주인님은 귀족들과 사냥하러 가신다고 했어요. 준비를 해서 주인님을 사냥터로 모셔 갔어요. 주인님이 말을 타고 집을 나섰을 때 저는 그 뒤를 따르다가 춤꾼들의 춤을 보게 되었어요. 가수들의 노래에 맞춰서 멋지게 춤추는 걸 보느라 주인님이 "화살을 달라."라고 하는 말을 못 들었지 뭐예요. 주인님의 호통 치는 소리를 듣고 얼마나 놀랐는지. 다음부터는 조심해야겠어요. 오늘 주인님은 사냥터에서 사슴을 잡았어요. 저까지 어깨가 으쓱했어요.

■ 고구려 고분 벽화에 그려진 귀족의 모습이다. 위의 그림은 무덤 주인이 가마를 타고 병사들을 거느리고 행차하는 모습이고, 아래의 그림은 무덤 주인과 부인의 모습이다. 이 귀족의 어린 시절을 상상해서 그림을 그려 보자.

통일신라의 왕은 왜 만파식적을 불었을까?
'나무아미타불 관세음보살'이란 말은 어떻게 널리 퍼졌을까?
에밀레종 소리는 정말 '에밀레'로 들릴까?
장보고의 무역선은 무엇을 싣고 어디로 갔을까?
짚신 장수 지은이는 왜 노비가 되었을까?

06

평화로운 부처님의 나라를 향하여

통일신라의 왕은
왜 만파식적을 불었을까?

 드디어 오랜 전쟁이 끝났다! 신라가 백제와 고구려를 차례로 무너뜨리고 나라를 통일한 것이다. 전쟁터에서 서로 활과 칼을 겨누던 세 나라 사람들은 모두 통일신라 사람이 되었다.

 문무왕은 "칼과 창을 녹여 농사짓는 도구로 만들어라!"라고 명하였고, "세금을 줄이고 평화로운 세상을 만들겠노라!"라고 선언했다. 후에는 "나는 동해의 용이 되어 신라를 지킬 것이니 바다에 장사 지내라."라는 유언을 남겼다.

 문무왕의 아들인 신문왕은 아버지의 뜻대로 바닷속 무덤, 대왕암을 만들었다. 그러자 대왕암 뒤쪽에 거북 등처럼 생긴 섬이 솟아오르는 희한한 일이 벌어졌다. 그 섬에는 대나무 두 그루가 있었는데, 낮에는 둘로 나뉘었다가 해가 지면 하나로 합쳐졌다.

경주 감포 앞바다의 대왕암 삼국 통일을 이룬 문무왕의 바닷속 무덤으로 추정된다.

신문왕이 배를 타고 섬에 도착하자 용이 나타나 말했다.

"저 대나무는 동해 바다 큰 용이 되신 문무왕과 김유신 장군께서 보내신 보물입니다. 베어다가 큰 피리를 만들어 불면 온 세상이 평화로워질 것입니다."

신문왕은 대나무로 큰 피리를 만들게 하고, 이름을 '만파식적'이라고 했다. '만 가지 근심을 없애 주는 피리'라는 뜻이었다.

외적이 쳐들어왔을 때 만파식적을 불면 적군이 스스로 물러갔고, 가뭄이 들었을 때 불면 비가 내렸고, 홍수가 났을 때 불면 비가 그쳤다. 만파식적 소리는 무시무시한 전염병도 물리쳤다. 신라의 왕들은 대대로 만파식적을 보배로 삼고 나라를 평화롭게 만들기 위해 노력했다.

신기한 만파식적이 정말 있었을까? 전쟁 없는 평화로운 나라, 배곯는 사람 없는 풍요로운 나라를 꿈꾼 사람들의 소망이 만들어 낸 이야기로 보인다.

'나무아미타불 관세음보살'이란 말은 어떻게 널리 퍼졌을까?

"그 얼빠진 중이 또 왔네!"

시장 상인들이 수군거렸다. 더러운 승복 차림에 머리와 수염이 덥수룩한 스님이 시장 한쪽 구석에 자리를 잡았다. 스님은 아이들을 모으더니 부처님 이야기를 들려주기 시작했다. 이야기를 듣던 한 아이가 눈을 반짝이며 물었다.

"부처님 나라인 극락 세상에는 어떻게 가요?"

스님이 아이들을 빙 둘러보며 대답했다.

"나를 따라 하면 극락에 갈 수 있단다. 자, 따라 해 보아라. 나무아미타불!"

"나무아미타불! 나무아미타불!"

경주 기림사 천수천안 관세음보살 눈과 손이 천 개인 관세음보살이다. 돌봐야 할 중생이 너무 많아서 손이 천 개, 손마다 눈이 있어서 눈도 천 개이다.

"그건 무슨 뜻이에요?"

또 다른 아이가 묻자, 스님이 대답했다.

"아미타부처님 곁인 극락으로 가고 싶다는 뜻인데, 이 말만 외우면 극락으로 갈 수 있단다."

아이들은 나무아미타불을 노래하며 시장을 누비고 다녔다. 그러다가 어른들까지 흥얼흥얼 따라 하기 시작했다.

이 스님이 바로 원효 대사이다. 원효 대사는 죽을 때까지 가난하고 병든 사람들과 함께 지내며 그들이 부처님을 만날 수 있도록 '나무아미타불'을 가르쳐 주었다.

나중에 이 말은 '나무아미타불 관세음보살'로 바뀌었다. 관세음보살은 어려움에 처한 사람들을 발 벗고 돕는 보살이어서 모두가 좋아했다. 원효 대사 덕분에 통일신라 땅 어디를 가나 '나무아미타불 관세음보살' 소리가 들렸다.

에밀레종 소리는 정말 '에밀레'로 들릴까?

하루는 신라의 경덕왕이 신하들을 불러 말했다.

"돌아가신 아버지 성덕대왕을 기리도록 큰 종을 만들어 봉덕사에 두고, 아침저녁으로 종소리의 울림이 신라 땅 멀리까지 퍼지도록 하시오."

무려 20년 만에 완성된 종은 크고 아름다웠다. 종의 표면에는 하늘을 나는 선녀의 모습을 새겼다. 종의 윗부분에는 소리가 크게 울리도록 도와주는 소리통을 올리고, 종의 몸통과 소리통을 연결하는 고리는 용이 휘감고 있는 것처럼 조각했다. 맑고 은은한 종소리가 울려 퍼지면 마치 신라 땅이 부처님의 나라가 된 듯했다.

이 종에는 몇 가지 전설이 전해진다. 윗부분의 소리통과 용 조각은 만파식적 설화를 담았다고 한다. 또 종을 완성했는데 소리가 나지 않아 아기를 제물로 바쳐 다시 만들었다는 이야기도 전해진다. 그랬더니 종을 칠 때 '에밀레'라는 소리가 들렸는데, 꼭 엄마를 부르는 아기 목소리처럼 들렸다고 한다. 그래서 이 종을 '에밀레종'이라고도 부른다.

귀족들도 재산을 내놓아 큰 절을 지었다. 그중 불국사는 부처님이 계시는 극락을 보여 준 절이었다. 불국이란 부처님의 나라라는 뜻이다.

석굴암은 불국사가 자리한 토함산 동쪽에 있는 동굴 사원이다. 큰 돌을 둥글게 쌓아 올린 석굴에 위엄이 넘치는 부처님이 앉아 있다. 석굴 벽에는 관세음보살을 비롯한 여러 불상이 새겨져 있다.

위에서 본 불국사 대웅전을 비롯한 불당에는 여러 불상이 있다. 대웅전 앞뜰에 석가탑(왼쪽)과 다보탑(오른쪽)이 보인다.

성덕대왕신종 높이는 3.4미터, 무게는 19톤으로, 우리나라에 남아 있는 종 가운데 가장 크다. 경주국립박물관에 전시되어 있다.

석굴암 본존불 석굴암 내부에 있는 돌로 만든 부처상이다. 석굴암은 귀족 김대성이 전생의 부모님을 위해 만들었다.

장보고의 무역선은 무엇을 싣고 어디로 갔을까?

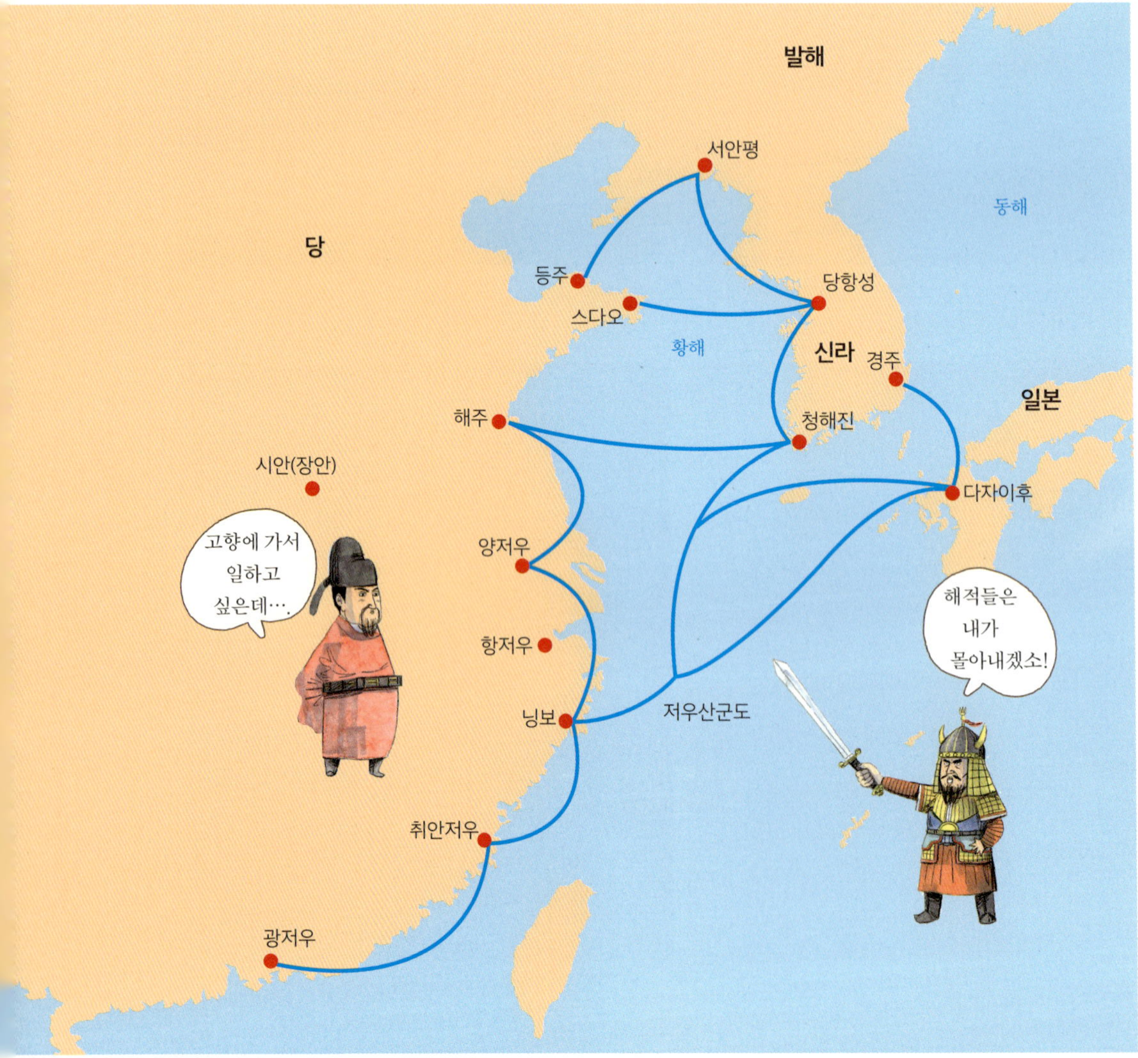

장보고가 살았던 시대에 동아시아 사람들이 다녔던 바닷길

신라에서 태어난 장보고는 어릴 때부터 바다를 보고 자랐다. 당나라로 건너간 장보고는 신라인들의 마을에 살면서 꿈을 키웠다. 장보고는 열심히 노력해서 군인으로 출세했다. 하지만 어렵게 오른 관직을 버리고 신라로 돌아와 흥덕왕을 찾아갔다.

"신라 바다에 해적이 득실댑니다. 해적들은 신라인을 잡아다 노예로 팔고 있습니다. 청해(완도)에 기지를 만들도록 허락해 주시면, 군사 일만을 모아 해적을 소탕하겠습니다."

청해는 작은 섬이지만 당나라와 일본, 신라의 항구를 연결하는 바닷길의 중심에 있었다. 장보고는 군사를 모아 해적을 몰아내고 바닷길을 손에 넣었다. 그리고 세 나라를 연결하는 무역에 뛰어들었다. 중앙아시아 타슈켄트의 보석, 페르시아의 모직물, 당나라의 비단과 책, 공작 깃털 등을 울산항과 일본 다자이후에 가져다 팔았다. 또한 당과 일본에 신라의 특산물을 팔았고, 당나라의 도자기 기술을 들여와 만든 신라의 도자기를 당나라에 되팔기도 했다.

장보고가 바다를 주름잡는 동안, 열두 살 신라 소년 최치원은 당나라로 유학을 갔다. 6두품이었지만 똑똑했던 최치원은 당나라의 과거 시험에 합격하여 이름을 날렸다. 신라는 신분을 중요하게 여겼지만 당나라는 외국인이라도 능력이 있으면 출세할 수 있는 곳이었다.

하지만 최치원도 당나라 관직을 내놓고 신라로 돌아왔다. 그 무렵 무거운 세금 때문에 농민들이 반란을 일으켰다. 그러나 귀족들은 아랑곳하지 않고 사치와 향락에 빠져 있었다. 최치원은 왕에게 개혁을 주장하는 글을 올렸지만, 귀족들의 반대에 부딪혀 아무것도 할 수 없었다. 어느 날 최치원은 홀연히 모습을 감추었다. 사람들은 그가 신선이 되어 하늘로 올라갔다고 믿었다.

장보고는 _____, _____, _____ 사이에서 무역을 해서 성공했다.

짚신 장수 지은이는 왜 노비가 되었을까?

신라의 도읍 경주는 아주 큰 도시였다. 왕궁이 있던 월성 근처는 관청과 절, 귀족들의 집이 모여 있는 번화가였다. 월성에서 안압지를 지나 내려가면 황룡사와 분황사가 나왔다. 그 앞의 강 건넛마을에는 가난한 사람들이 모여 살았다.

지은이는 그 마을에 사는 소녀였다. 아버지는 어릴 때 돌아가셨고, 지은이가 구걸한 음식으로 눈이 먼 어머니와 먹고살았다. 그러다가 한 아주머니의 도움으로 왕궁 동쪽 시장에서 짚신을 팔게 되었다. 지은이는 시장을 가는 길에 황룡사와 분황사를 지날 때마다 "나무아비타불 관세음보살, 우리 어머니 눈을 낫게 해 주세요."라고 빌었다.

시장은 온갖 물건으로 가득했다. 중국에서 건너온 비단, 부잣집에서 밥할 때 불을 피우는 숯, 이슬람 상인들이 인도에서 가져온 비둘기까지 팔았다. 모두 지은이가 살 수 없는 것들이었다.

지은이는 서른두 살이 되도록 결혼도 못 하고 짚신을 팔았다. 지독한 흉년이 들어 짚신이 팔리지 않자, 지은이는 쌀 열 가마니를 받고 부잣집 노비로 들어갔다. 주인집은 경주에서 손꼽히는 부잣집이었다. 당나라에서 가져온 기와로 지붕을 올리고 금으로 벽과 기둥을 장식했다. 집 안에는 황금 그릇은 물론 이슬람 상인에게 산 유리그릇도 있었다. 일하는 사람만 3,000명이라고 했다.

지은이는 하루 일을 마치면 어머니께 드릴 음식을 챙겨서 집에 돌아왔다.

지은이가 일하는 귀족의 화려한 집 그림 아랫부분에 사진으로 표현된 유리그릇은 로마에서 온 것으로, 황남대총 등의 무덤에서 발굴되었다.

그러던 어느 날, 어머니가 물었다.

"전에는 거친 음식을 먹어도 마음이 편했는데, 요즘은 좋은 음식을 먹어도 편히 넘기기가 힘들구나. 어미에게 숨기는 것이 있느냐?"

지은이는 어머니에게 사실대로 고백했다.

"너를 남의 집 노비로 만들다니, 내가 큰 짐이 되었구나."

어머니가 슬피 울자, 지은이도 따라 울었다. 모녀의 울음소리를 듣고 온 동네 사람들이 함께 울었다. 지은이네 못지않게 모두 힘들게 살았기 때문이다.

그 근방을 지나던 화랑 효종랑이 자초지종을 듣고 곡식을 마련해 주고, 지은이를 노비에서 풀어 주었다. 전쟁이 없어지고 부처님이 살펴 주셔도 가난한 사람들은 여전히 살기가 어려웠다.

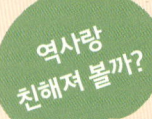

역사랑 친해져 볼까?

닮은꼴을 찾아라!

장보고와 최치원이 살았던 때는 동아시아의 여러 나라 사람들이 다른 나라로 유학을 가거나 장사하러 가는 일이 많았다. 사람들이 부지런히 오고가다 보니 문화적으로도 닮아 갔다.

■ 지도를 보며 서로 닮은 문화유산을 찾아서 해당하는 기호를 그려 넣자.

기호	문화유산	비슷한 점
☆	당나라 대안탑	재료가 벽돌인 게 비슷해
○	당나라 십일면관음	부처님의 모양이 비슷해
△	고구려 수산리 고분 벽화	옷차림을 눈여겨봐야 해
◇	당나라 고분 벽화	인물이 들고 있는 것을 봐
□	신라 석굴암 본존불	부처님의 크기가 비슷해

당나라 대안탑

당나라 십일면관음

당나라 고분 벽화

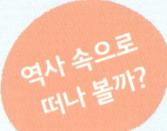 역사 속으로 떠나 볼까?

신라 시대 무덤과 유물이 가득한 경주로!

경상북도 경주시 황남동 일대에는 신라 시대의 무덤이 모여 있는 대릉원이 있다. 대릉원 무덤에서는 금관을 비롯한 다양한 유물들이 출토되었다. 대릉원에서 발굴된 유물들은 국립경주박물관에 전시되어 있다. 경주에서 신라 시대의 흔적을 찾아보자.

천마총은 하늘을 나는 말의 그림이 나온 무덤이다. 발굴 당시의 모습을 복원하여 전시관으로 활용하고 있다.

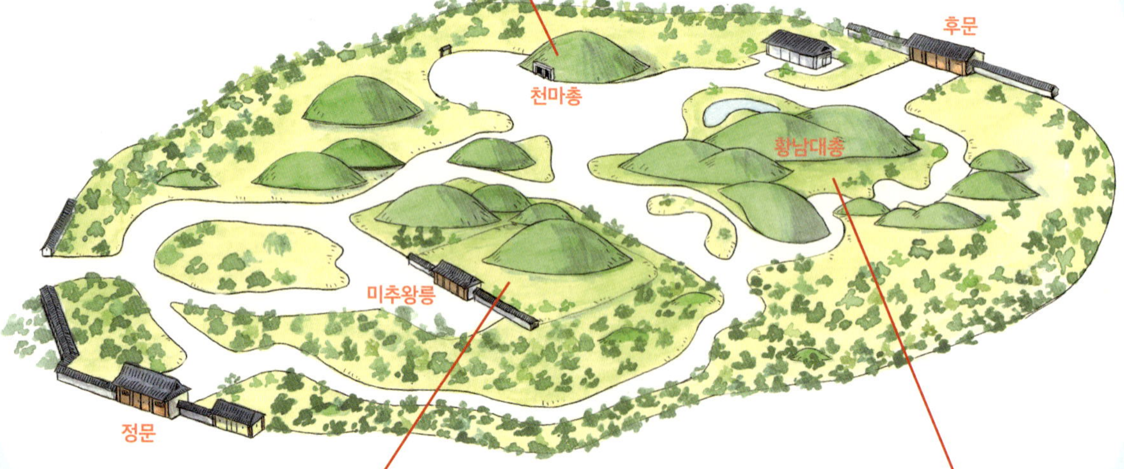

천마총

후문

황남대총

미추왕릉

정문

미추왕릉은 집처럼 벽에 둘러 싸여 있고, 신라의 첫 번째 김 씨 왕인 미추왕이 묻혀 있다.

황남대총은 부부의 무덤이다. 한 쪽에서는 장신구와 금관이 나왔고, 다른 쪽에서는 무기와 금동관이 나왔다.

대릉원

■ 천마총에서 본 천마도를 따라 그려 보자.

대릉원

■ 무덤이 모두 몇 개인지 세어 보자.
■ 황남대총의 남자 무덤과 여자 무덤을 확인해 보자.

국립경주박물관

■ 전시되어 있는 금관은 몇 개인지 알아보자.
■ 금관에 달려 있는 굽은 옥의 개수를 세어 보자. 옥의 개수에는 어떤 뜻이 있는지 알아보자.

국립경주박물관

■ 대릉원 무덤에서 발굴된 유물을 더 찾아 써 보자.

발해의 부처님은 왜 십자가 목걸이를 하고 있을까?
발해의 상경성은 얼마나 컸을까?
상경성 사람들은 언제 춤을 추었을까?
상경성에서 당나라에 갈 때는 어디로 갔을까?

발해가 만든
평화의 길을
따라서

발해의 부처님은 왜
십자가 목걸이를 하고 있을까?

십자가 목걸이를 한 불상 중국 훈춘(옛 발해 용원부 지역)에서 발견된 삼존불상의 목에 십자가 목걸이가 걸려 있다.

    돌에 새겨진 부처님 모습을 잘 살펴보자. 이상하고 신기한 걸 찾았는가? 아니라면 다시 가슴께를 자세히 들여다보자.

    그렇다. 가운데 부처님과 왼쪽 부처님의 목에 십자가가 걸려 있다! 성당이나 교회에서 볼 수 있는 십자가가 왜 부처님의 몸에 새겨져 있을까?

    이 불상은 두만강 건너의 중국 훈춘에서 발견되었다. 이곳은 옛날에 발해의

옛 발해 지역에서 출토된 중앙아시아 지역의 은화와 십자가 모양의 유물

십자가 모양의 돌 경주에서 발견된 십자가 유물을 통해 발해의 무역길을 따라 신라에도 크리스트교가 전해졌을 것이라고 추측할 수 있다.

땅이었다. 발해에서는 불교가 크게 유행했다. 나라 곳곳에 큰 절을 지어 부처님을 모셨고, 탑을 세웠다. 역사학자들에 따르면 이 불상도 발해 사람들이 만들었다고 한다. 그런데 왜 부처님이 목에 십자가를 걸고 있을까?

발해는 국제적인 나라였다. 발해의 수도 상경성에서 사방으로 뻗어 나간 여러 개의 큰 길을 따라 수많은 사람과 물건이 나가고 들어왔다. 그러면서 자연스럽게 발해 사람들에게 크리스트교가 전해졌을 것이다. 이미 발해와 당나라에는 크리스트교를 믿는 외국인들이 많이 머물고 있었다.

크리스트교를 받아들인 걸 보면 발해 사람들은 다른 종교를 믿는 사람들에게도 친절했던 모양이다. 그래서 목에 십자가를 건 부처님을 돌에 새길 수 있었던 게 아닐까?

발해의 상경성은
얼마나 컸을까?

　북쪽으로는 랴오허강 유역의 만주 벌판에서 러시아 연해주 부근까지, 남쪽으로는 대동강 부근까지 차지했던 발해의 영토는 넓디넓었다. 발해에서 가장 크고 번화한 도시는 상경성이었다.
　열두 살 담비는 어머니를 따라 이제 막 상경성에 도착했다. 담비와 함께 상경성을 구경해 보자.

　동평성에서 출발한 지 보름 만에 상경성에 도착했어. 우리 어머니는 동평성에서 담비 가죽 상인으로 유명한 분이야. 나는 어머니를 따라 다니며 상인들의 일을 배우고 있어. 우리 어머니는 상인 무리를 이끌고 당나라 장안에도 여러 번 다녀오셨어.

상경성 궁문 자리

"성벽을 둘러보는 데만도 꼬박 하루가 걸린단다. 당나라의 장안성과 모습이 아주 비슷하지."

성문 앞에서 어머니의 말을 듣고 나는 입이 떡 벌어졌어.

상경성 안의 북쪽 끝에는 왕이 계시는 궁궐이 있대. 지금부터 남쪽 성문에서 궁궐 문까지 쭉 뻗은 큰길을 따라 올라갈 거야.

어마어마하게 넓은 이 큰 길은 마차 열두 대가 한꺼번에 나란히 지나갈 수 있을 정도야. 길 양쪽에는 집과 가게들이 반듯하게 줄지어 있어. 사각형 모양으로 구역을 나누어서 길 찾기는 어렵지 않을 것 같아. 상경성은 정말 대단해.

침 떨어질라.

우아~

상경성 사람들은
언제 춤을 추었을까?

상경성 남문 안쪽 시장으로 왔더니 사람들이 구름같이 많았어. 빼곡히 들어선 상점에는 옷감, 땔감, 담비 가죽, 호랑이 가죽, 바다에서 온 굴이며 인삼 같은 약재가 넘쳐났어. 당나라와 일본에서 건너 온 물건도 있고, 거란, 신라, 타슈켄트에서 온 물건도 있었어. 어머니는 상인에게 담비 가죽을 넘기고 필요한 것들을 주문했어.

성 안의 넓은 마당에서는 격구 대결이 한창이었어. 말을 탄 선수들이 막대기로 요리조리 공을 치면서 골문을 향해 내달렸어. 공채를 공중에서 "붕!" 휘두르면 공이 쏜살같이 땅 위를 날아갔어.

"격구는 언제 봐도 재밌어. 우리 발해 사람들 격구 실력은 정말 최고란다. 사신단이 일본에 가서 격구 시범을 보였더니 일본 왕이 크게 감탄했다고 하더구나."

어머니가 설명해 주셨어.

그때 악사들이 흥겨운 음악을 연주하기 시작했어. 사람들은 발을 구르며 노래했어. 사냥 대회에서 호랑이를 잡아 우승한 세 사람을 축하하는 거래.

"발해 사람 셋이면 호랑이를 잡는다."

나도 신이 나서 발을 구르며 따라 했어.

"네가 추는 춤이 '답추'란다. 고구려 때부터 내려온 전통 춤이야."

발해 석등 옛 발해 상경성 절터에 남아 있는 석등이다. 높이가 6미터나 되는 웅장한 모습이 발해 사람의 씩씩하고 당당한 모습을 닮았다.

어머니를 따라 상경성 곳곳을 다니면서 절도 참 많이 봤어. 나는 아름답고 정교한 불상과 연꽃무늬 기와, 돌사자, 석등을 보며 쉴 새 없이 감탄했어.

"우리 발해 사람들 솜씨는 당나라나 신라 사람들에게 뒤지지 않는단다."

단오가 얼마 남지 않아서인지 많은 사람들이 절에 찾아와 소원을 빌고 있었어. 나도 어머니의 장사가 잘 돼서 무사히 집으로 돌아가게 해 달라고 빌었어.

상경성에서 당나라에 갈 때는 어디로 갔을까?

　상경성에서 일을 마친 담비네 상인 무리는 당나라의 수도 장안을 향해 출발했다. 장안에서 담비 가죽과 호랑이 가죽, 인삼과 꿀을 팔고, 비단과 책, 금그릇, 은그릇을 사 올 예정이었다. 상인들은 상경성에서 시작되는 여러 개의 큰길을 따라 거란, 일본, 신라, 당나라를 오갔다.

　한때 발해와 신라는 사이가 안 좋았지만, 지금은 두 나라를 이어 주는 신라길도 잘 닦여 있다. 발해에 왔던 당나라 사신이 신라길을 거쳐 경주에 다녀가기도 하고, 신라 사신이 당나라로 가는 길에 발해에 들르기도 했다.

　담비네 상인 무리는 장안에서 큰 이익을 남기고 동평성으로 돌아왔다. 그리고 바다 건너 일본까지 가는 먼 장삿길을 준비하기 시작했다. 동해 바다를 건너 일본에 한 번 다녀오려면 적어도 6개월이 걸린다. 바람이 일본을 향해 부는 겨울이 되기를 기다려 출발할 예정이다.

　담비 가죽은 일본의 귀족들도 좋아했다. 한 번은 일본에 간 발해 사신이 잔치에 초대를 받았는데, 그 자리에 담비 옷을 입고 나갔다. 그랬더니 그다음 잔치에 일본 왕이 담비 옷을 여덟 벌이나 입고 나와 깜짝 놀랐다고 한다.

　발해의 상경성에서 뻗어 나간 무역길 중에는 중앙아시아까지 연결된 것도 있었다. 이 길을 통해 담비 가죽이 많이 거래되어 '담비길'이라고 불렸다. 여러 무역길은 이웃 나라들과 교류하며 평화롭게 만나는 길이었다. 당나라 사람들은 이 길과 함께 발전하는 발해를 '해동성국'이라 불렀다.

도착

← 문제 9

담비길을 따라 크리스트교가 들어옴
한 번 더

한 번 쉼

출발

역사랑 친해져 볼까?

발해의 길은 어디로 이어졌을까?

사람들은 발해가 만든 평화의 길을 따라 주변 여러 나라들을 여행하였다. 보드게임을 하면서 발해 사람들의 발자취를 따라가 보자.

놀이 방법

① 가위바위보를 하여 말을 고르고, 순서를 정한다.
② 주사위를 던져서 나온 눈의 수만큼 말을 옮긴다.
③ 말판 위의 지시에 따라 이동하거나 문제를 푼다.
④ 문제를 맞히면 한 칸 앞으로 가고, 틀리면 한 칸 뒤로 간다.
⑤ 먼저 도착하는 사람이 승리한다.

문제 1

일본인	거란인	신라인	당나라인	발해인

------------ 오리는 선

문제 2

문제 3

당나라 과거 시험에 발해 사람이 장원 급제함
3칸 앞으로

문제 8

일본 무역길에서
폭풍우를 만남

5칸 뒤로

문제 7

신라의 사신이
발해를 거쳐
당나라로 감

5칸 앞으로

당나라 무역길에서
큰 손해를 봄

3칸 뒤로

문제

1. 사진 속 장소는 어디인지 말해 보세요.
2. 부처님 목에 무엇이 걸려 있는지 말해 보세요.
3. 발해 사람들은 여럿이 함께 노래하고 춤추는 집단 무용인 '답추'를 즐겼다. 이 춤은 어느 나라의 민속춤을 이어받았는지 말해 보세요.
4. 발해 사람들이 이용한 무역길의 이름을 세 개 말해 보세요.
5. 이 은화는 발해 사람들이 어느 길을 따라 중앙아시아 사람들과 교류한 것을 알 수 있는 증거인지 말해 보세요.
6. 발해 사람의 웅대한 기상을 엿볼 수 있는, 높이 6미터가량의 돌로 만든 이것의 이름을 말해 보세요.
7. 발해 최고의 수출품 중 하나이며, 일본 왕이 여덟 벌이나 입고 잔치에 나왔다는 이야기가 전해지는 이것을 말해 보세요.
8. 발해 사람들이 즐기던 놀이로, 사람이 말을 타고 공채로 공을 치는 놀이의 이름을 말해 보세요.
9. 당나라에서 발해를 부르던 말로, '바다 동쪽의 부강한 나라'라는 뜻의 이 말을 말해 보세요.

문제 4

문제 5

문제 6

왕건은 왜 결혼을 여러 번 했을까?
벽란도의 상인들은 어디에서 왔을까?
팔관회 축제에서는 무엇을 했을까?
중국인 쌍기는 어떻게 고려의 관리가 되었을까?
귀족 집안의 남자아이들은 커서 무엇이 되고 싶었을까?
고려의 부인들은 재혼할 수 있었을까?

08

활기차고 개방적인 고려 사람들

왕건은 왜 결혼을 여러 번 했을까?

왕건과 오씨 처녀 동상 전남 나주 완사천 샘가에서 왕건과 오씨 처녀가 만나는 장면을 상상하여 만든 동상이다.

전라남도 나주 시청 앞에는 완사천이라는 작은 옹달샘이 있다. 샘 바로 옆에는 젊은 장군과 수줍어하는 처녀의 동상이 서 있다. 처녀는 작은 그릇에 샘물을 떠서 장군에게 건네주려는 참이다. 이 사람들은 누구일까?

통일 신라의 힘이 많이 약해졌을 때, 후고구려(태봉)와 후백제가 일어나 서로 더 넓은 땅을 차지하려고 싸웠다. 후고구려의 젊은 장군 왕건은 수군 함대를 이끌고 남쪽으로 내려가 후백제의 나주를 공격했다. 나주를 손에 넣은 왕건은 샘가를 지나다가 물을 긷는 처녀를 만났다.

"제가 몹시 목이 마른데 물 좀 마실 수 있겠소?"

"여기 있사옵니다. 버들잎을 띄웠으니 후후 불며 천천히 드십시오."

그 처녀는 나주 지역에서 소문난 부잣집 오씨 집안의 딸이었다. 왕건은 오씨 처녀를 두 번째 부인으로 맞이했다. 그 뒤로도 왕건은 계속해서 부인을 맞아들였다.

얼마 뒤, 왕건은 후고구려의 왕이 되었다. 나라 이름도 고려로 바꾸었다. 이어서 후백제를 무너뜨리고 신라까지 합쳐 후삼국을 통일했다. 그 사이 왕건의 부인은 점점 늘어 29명이나 되었다.

왕건은 왜 이렇게 결혼을 여러 번 했을까?

후백제와 경쟁하고 있었던 왕건에게 더 많은 힘이 필요했기 때문이다. 힘센 집안의 딸을 부인으로 맞아들임으로써 부인 친정의 재산과 군대를 활용할 수 있었던 것이다. 이렇게 모은 힘으로 왕건은 후삼국을 통일하고 고려를 열었다.

왕건 부인의 출신 지역 왕건은 전국의 힘 있는 집안의 딸을 부인으로 맞이하였다.

벽란도의 상인들은 어디에서 왔을까?

　벽란도는 고려의 큰 항구였다. 벽란도는 이제 막 들어오고 나가는 배들, 배에서 물건을 내리는 사람들, 물건을 구경하는 사람들, 값을 흥정하는 상인들로 언제나 북적거렸다.
　멋지게 차려 입은 고려 상인이 송나라 상인을 반갑게 맞았다.
　"오랜만에 뵙습니다. 이번에는 어떤 진귀한 물건을 가져오셨나요?"
　"아름다운 비단을 잔뜩 가져왔지요. 향기로운 차도 가져왔고요."
　벽란도에는 일본·베트남·태국·인도 상인뿐 아니라 멀리 아라비아에서도

고려와 주변 나라와의 무역

상인이 오갔다. 항구 안쪽으로는 술과 음식을 파는 가게들이 줄지어 있었다. 가게에서는 종종 내기 바둑이 벌어졌다. 아내를 걸고 송나라 상인과 내기 바둑을 두었다가 혼쭐난 고려 사람도 있었다.

고려의 특산품인 인삼·나전칠기·청자 등이 배에 실려 나가고, 책·비단·양탄자, 귀한 식료품과 약재들이 들어왔다. 이때 고려에 다녀간 다른 나라 상인들이 고려를 소개하면서 '코리아'라는 이름이 생겨났다.

외국 상인 몇몇은 개경에서 곧 열릴 팔관회 이야기에 열을 올렸다.

"우리는 팔관회 날짜에 딱 맞춰 도착했어요. 고려 왕께 바칠 특별한 선물도 준비했지요. 전국에서 사람들이 몰려올 테니까 물건이 잘 팔리겠죠?"

외국 상인들은 배를 타고 예성강을 따라 올라갔다. 그리고 얼마 뒤 고려의 도읍 개경에 도착했다.

팔관회 축제에서는 무엇을 했을까?

가을 추수가 끝나고 겨울이 시작되는 11월 어느 날, 개경은 축제 분위기에 들떠 있었다. 하늘과 산의 신, 용신에게 수확을 감사드리고, 왕실 조상과 부처님께 나라의 평화를 비는 팔관회 축제가 시작되었기 때문이다.

화려한 예복을 차려입은 선랑 어린이 네 명이 용, 봉황, 말, 코끼리 모양의 수레를 타고 개경의 큰 거리를 지나 왕궁 쪽으로 나아갔다. 악기를 연주하는 사람들이 수레 뒤를 따랐다.

높다란 누각이 있는 고려 왕궁의 정문에서는 왕이 태조 왕건의 초상화에 절을 올렸다. 개경의 관리는 물론 전국 각 고을에서 온 관리들이 왕에게 축하 인사를 올리고 선물도 바쳤다. 왕을 중심으로 온 나라가 한마음이라는 뜻이었다.

드디어 공연이 시작되었다. 색색의 화려한 옷을 입은 사람들이 선랑의 수레를 따라

태조 왕건 청동상 청동으로 만들어 금을 입힌 동상으로 북한에서 발견되었다. 국가의 제사나 행사가 있을 때 이 동상에 화려한 국왕의 옷을 입히고 숭배했다.

돌며 춤을 추었다. 노래와 춤, 재주 놀이, 연극 공연이 밤늦게까지 계속되었다. 궁궐 밖에서도 흥겨운 길거리 공연이 펼쳐졌다.

축제는 다음 날에도 계속되었다. 송나라 상인, 여진족 추장, 탐라와 왜의 사신, 아라비아에서 온 상인들이 왕에게 선물을 바친 다음 공연을 즐겼다. 팔관회는 고려가 무너질 때까지 거의 해마다 크게 열렸다.

중국인 쌍기는 어떻게 고려의 관리가 되었을까?

어느 날 중국에서 사신단을 보내왔다. 그 가운데 쌍기라는 젊은이가 있었다. 총명하고 야심 찬 쌍기는 고려에서 새로운 경험을 하고 싶어 사신단을 따라왔다. 중국의 사신단이 일을 마치고 돌아가게 되었을 때, 쌍기는 마침 병이 나 누워 있었다.

"병이 나으면 돌아갈 테니 먼저 가십시오."

하지만 쌍기는 병이 나은 뒤에도 계속 개경에 머물렀다. 광종은 종종 쌍기를 불러 대화를 나누었다. 광종은 중국인이라도 고려에 필요한 인재라면 곁에 두고 싶어 했다.

마침내 광종은 쌍기를 고려의 관리로 삼겠다는 편지를 중국으로 보냈다. 그리고 쌍기에게 벼슬을 내리고, 좋은 집을 주었으며, 결혼도 시켜 주었다.

"우리 고려에서도 능력 있고 충성스러운 인물이 관리가 되어야 할 텐데……."

평소 광종의 고민을 잘 알고 있던 쌍기가 대답했다.

"신분이 아닌 능력으로 관리를 선발하는 과거를 실시하십시오."

"유교 경전과 문장에 능한 사람을 뽑자는 얘긴가? 그 제도를 잘 만들어 낼 수 있겠는가?"

쌍기는 고려 관리들과 함께 당나라 시험 제도를 본받아 고려에 맞는 과거 제도를 실시했다.

고려에는 외국인들이 제법 들어와 살았다. 쌍기 말고도 관직에 오른 외국인이 수십 명이었다. 출세를 하고 싶어서 고려에 들어오는 송·거란·여진 사람도 있었고, 무역선을 타고 왔다가 아예 눌러 앉은 아라비아 상인도 있었다. 전쟁에서 포로로 잡혀 와 고려 사람이 된 거란인 기술자도 있었다. 승려, 통역관, 의술, 무예 분야에서 활동한 외국인도 적지 않았다.

쌍기가 중국에서 들여온 관리를 뽑는 제도는 _____이다.

귀족 집안의 남자아이들은 커서 무엇이 되고 싶었을까?

고려에는 부처님을 모신 절이 정말 많았다. 사람이 사는 집보다 절이 더 많다고 할 정도였다. 왕과 왕족, 힘 있는 귀족들이 직접 나서서 절을 지었고, 땅과 재산, 노비까지 넉넉하게 주었다. 그래서 어떤 절은 궁궐보다 크고 화려했다.

"나는 큰 절의 주지 스님이 될 거야."

고려의 왕족과 귀족 집안의 남자아이들 중에는 스님이 되고 싶다는 아이들이 많았다. 자기 자식이 유명한 승려가 되기를 바라는 귀족들도 많았다. 승려가 되면 국사나 왕사 같은 높은 자리에 올라 왕의 스승이 될 수 있었고, 정치에도 참여할 수 있었다.

대각국사 의천 고려 문종의 아들로, 열한 살에 스님이 되었다.

왕에게 아들이 여럿이면 그중에 한둘은 스님이 되었다. 대각국사 의천은 왕자 출신 스님 중에 가장 유명한 사람으로, 숙종의 동생이었다. 열한 살에 스스로 절에 들어가 스님이 되었고, 열세 살에 승통이라는 높은 자리에 올랐다. 의천은 송나라로 유학을 가서 불교를 공부한 다음, 고려에 돌아와 훌륭한 업적을 많이 남겼다. 숙종은 동생 의천의 주장에 따라 화폐를 발행하기도 했다.

해동통보 고려 숙종 때 의천의 주장에 따라 발행한 화폐이다.

고분 벽화 속 고려 관리 개성시 수락암동 1호 고분에 그려진 그림이다. 최루백 같은 남자아이들이 되고 싶어 했던 고려 관리의 모습이다.

훌륭한 관리로 성공하는 꿈을 가진 귀족 어린이도 많았다.

최루백의 소원도 과거 시험에 합격하여 높은 관직에 오르는 것이었다. 지방의 향리 집안에서 태어난 최루백은 과거 시험에 급제한 뒤 개경 귀족 염씨 집안의 딸 염경애와 결혼했다. 최루백의 아들 최단지는 빨리 출세하고 싶어서 어린 나이에 스님이 되는 길을 택했다가, 도중에 그만두고 관리가 되었다. 그런데 최단지는 과거 시험을 치르지 않았다. 과거 시험에 합격하지 않고 어떻게 관직에 나갔을까?

그것은 아버지 최루백 덕분이었다. 친할아버지, 외할아버지, 아버지 등 집안 어른이 높은 관직에 있으면 아들, 손자, 사위가 과거 시험을 치르지 않고 관리가 될 수 있었기 때문이다. 고려 시대에는 자기 능력으로 과거 시험에 합격하여 관리가 되는 길이 열렸지만 귀족 가문 출신들은 높은 관직을 지낸 집안 어른 덕분에 쉽게 관리로 출세할 수 있었다.

고려의 부인들은
재혼할 수 있었을까?

최루백과 염씨 부인은 23년 동안 행복하게 잘 살았다. 그러다 부인이 병을 얻어 세상을 떠나고 말았다. 최루백은 부인에 대한 고마운 마음과 사랑하는 마음을 돌에 새겨 무덤에 넣었다.

"사랑하는 내 아내의 이름은 경애이다. 스물다섯에 시집와 4남 2녀를 두었다. 내가 멀리 벼슬 살러 갔을 때는 험한 길을 마다 않고 따라와 주었고, 변방으로 갔을 때는 가난한 살림살이를 맡아 주며 군복을 손수 지어 보내 주었다. 내 어찌 그대를 잊을 수가 있단 말이오. 같이 묻히지 못해 슬플 뿐이다."

염경애 묘지석 최루백이 죽은 부인 염경애에 대한 고마운 마음과 사랑하는 마음을 새겨 무덤에 넣은 돌이다.

하지만 최루백은 얼마 지나지 않아 다른 여인과 재혼하여 자녀 넷을 더 낳았다. 그렇다면 남편을 잃은 고려 부인들은 어떻게 했을까? 남자들처럼 재혼을 했을까, 아니면 죽을 때까지 혼자 살았을까?

이승장의 어머니는 남편이 세상을 떠나자 아들을 데리고 재혼했다. 그런데 재혼한 남편이 아들에게 공부를 그만두고 자기 일을 도우라고 하자 이렇게 말했다.

"만약 아들이 공부를 그만둔다면 죽어서 전 남편을 볼 면목이 없어요."

이승장의 어머니는 자기 재산을 따로 가지고 있었다. 그래서 아들을 떳떳하게 공부시켰고, 이승장은 훗날 높은 관직에 올랐다.

고려의 여성들은 혼인할 때 자기 몫의 재산을 가지고 갔다. 이혼이나 재혼을 하더라도 자기 재산을 그대로 유지할 수 있었다. 부모의 재산을 물려받을 때 딸이라고 차별받지도 않았다. 부모의 제사 비용은 아들과 딸이 나누어 부담했다.

어떤 여성은 자기 재산으로 절을 지었고, 은 9냥에 집을 사서 12냥에 팔아 재산을 불린 여성도 있었다. 결혼해서 자식을 낳지 못하고 죽으면 부인의 재산은 친정으로 돌아갔다.

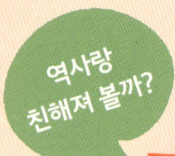

고려 사람들에게 한 걸음 다가서기

재판관 손변의 이야기와 최루백의 이야기를 통해 고려 사람들의 생활 속으로 한 걸음 더 들어가 보자.

■ 손변이 경상도 안찰부사로 있을 때, 부모의 유산 때문에 다툰 남매의 사건을 지혜롭게 해결한 일이 있다. 만약 내가 재판관이라면 어떤 판결을 내렸을까? 빈 곳에 들어갈 말을 생각해 보자.

> 부모님이 물려주신 재산을 누나가 독차지하고 저에게 나누어 주지 않습니다.
>
> 저는 아버지의 유언을 따랐을 뿐입니다. 아버지는 모든 재산을 제게 주시고, 동생에게는 검은 옷과 갓, 미투리, 종이 한 권을 남기셨습니다.
>
> 그때 너희들의 나이는 몇 살이었느냐?
>
> 저는 시집을 가 있었고, 남동생은 열일곱 살이었습니다.
>
> _____
>
> 제가 잘못했습니다. 재산을 반으로 나누어 동생에게 주겠습니다.
>
> 감사합니다, 부사님.

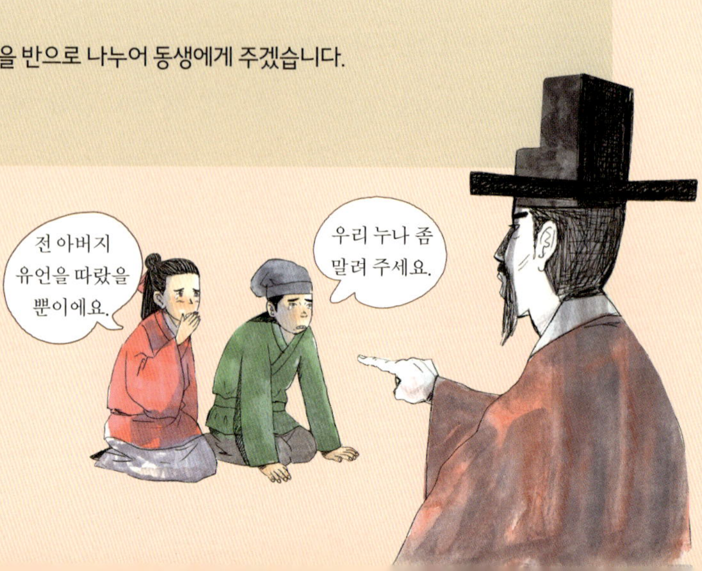

전 아버지 유언을 따랐을 뿐이에요.

우리 누나 좀 말려 주세요.

■ 최루백의 이야기는 약 200년 뒤에 책에 실렸다. 그림에서 아래의 책 내용을 찾아 ○ 해 보자.

조선 시대에 충신과 효자, 효녀 이야기를 그림과 함께 엮은 책 『삼강행실도』에 실린 그림이야.

고려 시대에 최루백이라는 효자가 살았다.
그의 아버지는 활쏘기를 좋아했는데, 사냥을 나갔다가 호랑이에게 잡혀 죽었다.
① 이 소식을 들은 최루백은 깜짝 놀라 도끼를 들고 호랑이를 잡으러 갔다.
② 숲 속에 누워 있는 호랑이를 발견하고는 크게 꾸짖은 다음 죽여서 원수를 갚았다.
③ 아버지의 장례를 치르고 3년 동안 무덤을 지키며 효도를 했다.
④ 어느 날 잠든 최루백에게 아버지의 혼령이 나타나 눈물을 흘리며 말했다.
"내가 살았을 적에도 잘 봉양하고, 죽은 뒤에도 곁에서 지켜 주니 지극한 효성이로구나."
이 말을 마친 아버지의 혼령은 최루백의 곁을 떠났다.

고려 농민들이 꿈꾼 세상은 어떤 모습일까?
수돌이는 연등회를 왜 기다렸을까?
복숭아 모양의 연적은 누가 사용했을까?
노비들은 무엇에 목숨을 걸었을까?

09

고려
사람들이
꿈꾼 나라

〈미륵하생경변상도〉
〈미륵하생경〉의 용화수 아래에서 미륵불이 되어 중생을 구제하는 장면을 그린 그림이다. 고려 시대의 작품으로, 비단 바탕에 채색하여 그렸다.

고려 농민들이 꿈꾼 세상은 어떤 모습일까?

왼쪽의 그림 한가운데에는 붉은 옷을 걸친 미륵 부처님이 앉아 있다. 부처님 양쪽으로 화려한 관에 목걸이로 치장한 보살들이 보인다. 구름 위에서는 천사들이 노래하며 춤을 추고 있다. 부처님께서 사람들이 살고 있는 세상으로 내려와 제자들을 모아 놓고 가르침을 주고 있는 모습이다.

미륵 부처님이 보살피는 세상에서는 "비가 때맞춰 내려 곡식이 풍성하게 자라, 한 번 심으면 일곱 번 수확한다."라고 하였다.

그림에서 농부들은 어디에 있을까? 양쪽 아래에 작게 그려져 있다. 왼쪽 아래의 농부들은 소를 몰며 쟁기로 밭을 갈고, 오른쪽 아래의 농부들은 황금빛으로 익은 곡식을 수확하고 있다. 그 옆으로 금은보화를 쓸어 담는 사람도 있다. 모두가 참 행복해 보인다.

고려 농민들은 미륵 부처님께서 우리 마을도 잘 보살펴 주고, 그림처럼 풍요롭게 살게 해 주기를 간절히 바랐다. 그래서 논과 밭에 돌로 미륵 부처님을 만들어 세우고, 마을 뒷산 암벽에도 미륵 부처님을 새겼다.

수돌이는 연등회를 왜 기다렸을까?

대부분 고려 농민들의 삶은 매우 힘들고 고단했다. 농민의 아들 수돌이의 이야기를 들어 보자.

안녕, 나는 열한 살 수돌이야. 오늘은 특별한 마을 행사가 있었어. 마을 입구에 향나무를 묻는 매향이라는 행사야. 향나무를 묻으면 미륵 부처님께서 우리 마을을 보살펴 주시고, 우리는 다음 생에 부처님 나라에 태어날 수 있대. 우리 마을 사람들은 대대로 농사를 지으면서 살아. 힘든 농사일을 하다가 오늘처럼 마을 행사가 열리는 날은 정말 신나.

올해도 풍년이 되게 해 주세요.

고기를 실컷 먹고 싶어요.

〈연화화생도〉 파주 보광사 대웅전 벽에 그려진 연꽃 그림 벽화. 연꽃은 부처님을 상징하는 꽃으로, 활짝 핀 연꽃 위에 동자승과 여래 들이 앉아 있다. 고려 사람들은 훗날 부처님 나라에서 다시 태어날 때 연꽃에서 태어날 것이라고 생각했다.

나는 연등회가 열리는 날을 손꼽아 기다리고 있어. 정월 대보름과 부처님 생일인 사월초파일이 되면 온 나라 사람들이 연등을 환하게 밝힌단다. 연꽃 모양의 등을 예쁘게 만들어서 집 앞과 마을 곳곳에 깃대를 높이 세우고 걸어 두는 거야.

연등을 바라보며 소원을 빌면 부처님께서 금세 들어주실 것 같아.

나는 소원이 세 가지 있어. 첫 번째 소원은 해마다 풍년이 들어 나라에 세금을 바치고도 먹을거리가 넉넉했으면 하는 거야. 두 번째 소원은 고기반찬을 배부르게 먹어 보는 것! 소금에 절인 오이나 가지 장아찌도 훌륭한 반찬이지만. 세 번째 소원은 짐승 가죽으로 만든 옷을 갖는 거야. 지금 입는 삼베옷은 바람이 숭숭 통해서 여름에는 좋지만 겨울에는 너무 춥거든. 이 소원들을 부처님께서 들어주실 때까지 열심히 빌 거야.

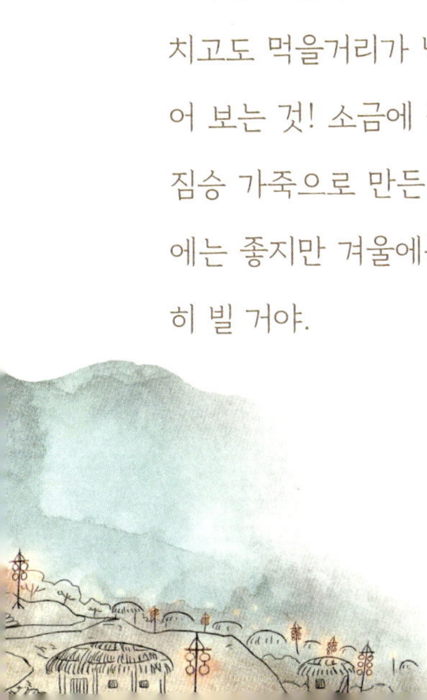

연등을 밝히고 미륵 부처님에게 소원을 비는 행사를 _____(이)라고 한다.

복숭아 모양의 연적은
누가 사용했을까?

　나는 노비 순돌이야. 태어날 때부터 개경의 주인어른 댁에서 살고 있어. 우리 주인님은 높은 관직에 계시고, 아주 큰 부자야. 주인님의 아들과 사위도 모두 관직에 있어. 얼마 전 개경에 큰 절이 새로 생겼는데, 그 절을 짓는 돈을 모두 주인어른께서 내셨대. 정말 대단하지?
　내가 하는 일은 주인어른 심부름이야.
　"순돌아, 편지 쓸 준비를 하거라."라고 하시면 종이를 펴고 붓을 깨끗이 씻어 드려. 그리고 연적에 담긴 물을 벼루에 똑똑 떨어뜨리고 삭삭 먹을 갈지.
　주인어른이 쓰시는 연적은 푸른색을 띤 작은 도자기인데, 색깔만 아니었다면 진짜 복숭아인 줄 알았을 거야. 복숭아는 아주 귀한 과일이라 만져 보기도 어려워.
　또 "순돌아, 송나라에서 온 차를 내오너라."라고 하시면 나는 용 모양 손잡이가 달린 찻잔을 준비해.

여러 가지 모양의 청자들 청자상감운학문매병(왼쪽)은 원 안에는 하늘로 날아오르는 학의 모습을, 원 밖에는 땅으로 내려앉는 학을 표현했다. 주둥이는 참외꽃 모양으로, 몸통은 참외 형태로 만든 참외 모양의 병(가운데), 복숭아 모양의 연적(오른쪽 위), 어룡 모양의 주전자(오른쪽 아래)이다.

　주인어른의 손님이 오면 참외 모양 청자 술병과 포도 무늬 청자 술병에 술을 부어 가져다드려. 술병을 들고 갈 때는 숨도 쉬지 않고 조심조심 가야 해. 떨어뜨렸다가는 눈물이 쏙 빠지게 혼날 거야. 푸른빛이 은은하게 감도는 최고급 청자 술병은 쉽게 구할 수 있는 물건이 아니래. 궁궐이나 큰 절, 귀족 가문에서 주문하면 청자 기술자가 만들어서 보내 준대.

　청자 기술자들은 '자기소'라는 곳에 모여 살아. 자기소는 청자를 만드는 곳인데, 바다 가까운 지역에 많아. 고운 흙을 반죽해서 갖가지 모양의 그릇을 빗고 무늬를 넣은 다음, 빚은 것들을 가마에 넣고 몇 날 며칠 불을 때서 구워낸대. 완성된 청자들은 잘 포장해서 귀족에게도 보내고, 배에 실어 벽란도로도 보낸대.

　청자 기술자들은 정말 대단해. 하늘을 나는 학을 어쩌면 저렇게 아름답게 새겨 넣을 수 있는지 놀라울 뿐이야.

노비들은 무엇에 목숨을 걸었을까?

개경에서 엄청난 사건이 터졌다. 노비들이 자신들의 주인을 죽이고, 궁궐로 쳐들어가려는 계획을 세웠다가 탄로 난 것이다. 노비들의 우두머리는 최고 권력자 최충헌 집의 노비 만적으로 밝혀졌다. 만적의 이야기를 들어 보자.

세상에 하나뿐인 자기 목숨을 걸 만큼 중요한 일이 있을까? 난 내 목숨을 걸고 노비 신분에서 벗어나고 싶었어.

최충헌 대감이 말에 오를 때마다 난 그 앞에 엎드려야 했어. 내 등을 밟고 대감이 말에 올라탔거든. 집 안의 온갖 궂은일과 허드렛일은 우리 노비들의 몫이었어. 사람으로 태어나 사람대접은커녕 두드려 맞고 구박받고 무시당하기 일쑤였지.

지게를 지고 땔나무를 하러 가면 다른 집 노비들을 만나곤 했어. 모두들 힘들게 일하다가 잠시 숨을 돌릴 때 이야기를 주고받았어. 그러다가 우리 힘으로 세상을 바꿔 보자고 뜻을 모으게 되었지.

힘세고 무예에 능한 노비나 천민이 출세하는 일이 종종 있었어. 따지고 보면, 최충헌 대감도 귀족들의 업신여김을 받던 무신 출신이야. 귀족들의 멸시와 천대를 받던 정중부라는 무신이 문신 귀족들을 칼로 몰아내고 권력을 잡은 뒤로 무신들이 출세

하기 시작했지.

"왕과 제후, 재상이 될 사람이 태어날 때부터 정해져 있는 것은 아니야."

고려에서 천민을 없애고 싶었던 우리는 비밀리에 모여 작전을 짰어. 각자 주인을 죽인 다음 모여서 궁궐로 쳐들어가기로 했지. 그런데 순정이란 놈 때문에 모든 계획이 탄로 나고 말았어. 자기를 아껴 주었던 주인을 차마 못 죽이겠다나 뭐라나. 이제 우리의 운명은 어떻게 될까?

최충헌은 만적과 노비 100여 명을 모두 잡아들였다. 그리고 노비들의 다리에 큰 돌을 달아 강에 던져 버렸다. 그 후에도 고달픈 노비 신분에서 벗어나려는 사람들의 움직임은 끊임없이 이어졌다.

최충헌의 노비 _____ 은(는) 천민을 없애기 위해 봉기를 계획했다.

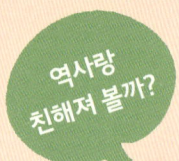

어린이 기자, 고려에 가다!

어린이 기자가 고려 시대 사람들을 인터뷰하고 기사를 썼다.

■ 다음의 기사를 읽고, 고려 사람들의 마음을 생각하여 말해 보자.

중미정 일꾼의 설움

중미정을 지을 때 일하러 나온 일꾼들은 자기가 먹을 음식을 스스로 준비해 와야 했다. 한 노인의 이야기를 들어 보자.
어떤 일꾼이 너무 가난해서 늘 다른 사람에게 얻어먹었는데, 하루는 그의

아내가 푸짐하게 음식을 장만해 왔다. 남편이 놀라서 "도둑질을 한 거요? 아니면 다른 남자와 가까이 하여 얻어 왔소?"라고 물었다. 아내가 울면서 "머리카락을 잘라 팔아서 장만했어요."라고 대답했다. 아내가 머리에 쓴 수건을 벗자, 짧게 잘린 머리카락이 보였다. 일꾼은 목이 메어 음식을 먹지 못했고, 다른 사람들도 슬피 울었다고 한다.

┗ 자기가 놀 공간을 만들기 위해 사람들을 고생시키다니, 그러면 안 되죠!
┗ 정치를 그렇게 하면 나라가 위태로워집니다.
┗ 밥이라도 주고 일을 시켜야 하지 않나요?

■ 다음의 인터뷰 기사에는 어떤 댓글이 달렸을까? 상상하여 빈 곳에 써 보자.

망이 망소이는 왜 귀족들에게 반기를 들었을까?

 어쩌다 귀족에게 대항하게 되었나요?

 우리 명학소에 사는 사람들은 일반 농민들보다 살기가 어려웠어요. 차별도 심했고요. 특산물을 만들어 바치는 건 너무 힘들었어요.

 우리는 소에 대한 차별을 없애고, 다른 농민들처럼 세금을 내며 살 수 있기를 희망하면서 봉기를 한 겁니다.

 우리가 봉기하자 관리들은 놀라서 우리 마을을 일반 마을로 바꿔 주고 관리를 보내 바르게 다스려 준다고 약속했어요. 그런 뒤에 군사를 보내 우리 가족들을 잡아갔어요.

 그게 다시 봉기하신 이유군요.

 우리는 죽을 때까지 싸울 겁니다.

┕
┕

■ 나라면 누구를 인터뷰할지 생각하여 인물을 고르고, 빈 곳에 질문을 써 보자.

 왕  귀족  백성  귀족 어린이  노비

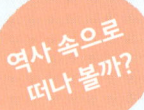
역사 속으로 떠나 볼까?

불교문화의 특징을 찾아서 평창으로!

강원도 평창군에 위치한 오대산 월정사는 불교문화재가 많은 절이다. 고려 시대에 세워진 팔각구층석탑을 비롯한 불상과 탱화 등의 다양한 유물이 있다. 월정사에서 불교문화의 특징을 만나 보자.

수광전에는 금으로 만든 부처상이 있다. 부처상의 손 모양이 다 다르다.

천왕문에는 사천왕이 서 있다. 사천왕은 절을 지키는 수호신이다. 손에 들고 있는 비파, 칼, 여의주, 탑으로 넷을 구분한다. 사진은 여의주를 들고 있는 사천왕이다.

월정사
- 월정사에 금으로 만든 부처상이 몇 개 있는지 찾아보자.

천왕문
- 마음에 드는 사천왕을 선택해서 모습을 흉내 내어 사진을 찍어 보자.

팔각구층석탑
- 탑 앞에 모자 쓴 석조상은 누구일까? 절에 계신 스님이나 어른에게 물어보자.

월정사
- 월정사에서 가장 마음에 드는 동물의 그림이나 조각을 찾아 따라 그려 보자.

찔레꽃의 전설은 왜 생겼을까?
고려 사람들은 몽골군을 어떻게 물리쳤을까?
소년 무역상 고복이는 원나라에서 무엇을 봤을까?
최무선은 왜 화포를 만들었을까?

10

몽골과 싸우며 세계와 만나다

찔레꽃의 전설은 왜 생겼을까?

해마다 봄이 되면 피어나는 찔레꽃에는 슬픈 전설이 있다.

고려의 한 마을에 찔레와 달래라는 자매가 살았다. 자매는 병든 아버지를 모시고 깊은 산 속에서 약초와 나물을 캐어 먹고살았다. 그러던 어느 날, 자매는 원나라에 공녀로 끌려가게 되었다.

언니 찔레는 관리에게 사정해서 병든 아버지를 보살피도록 동생 달래를 남겨 두고 혼자 멀고 먼 원나라로 떠났다.

원나라 부잣집의 시녀가 된 찔레는 가족이 보고 싶어 눈물을 흘리는 날이 많았다. 찔레를 불쌍히 여긴 주인이 고려에 사람을 보내 가족을 찾아 주려고 했지만 끝내 찾지 못했다.

찔레는 가족을 그리워하다가 병이 들어 고향으로 돌아왔다. 하지만 동생과 아버지는 어디에도 없었다. 마을 사람들이 두 사람의 소식을 전해 주었다.

"아버지는 네가 공녀로 끌려갔다는 소식을 듣고 슬퍼하다가 돌아가셨단다."

"달래는 아버지가 돌아가시고 나서 마을을 떠났단다. 죽었는지 살았는지 모르겠구나."

찔레는 달래를 찾으려고 온 나라를 헤매다가 추운 겨울 눈 속에 쓰러졌다.

봄이 되자 찔레가 지나간 산과 들판, 개울가마다 이름 모를 꽃이 피어났다. 사람들은 찔레의 애달픈 마음이 흰 꽃이 되고, 눈물은 붉은 꽃으로 피어나고, 아름다운 목소리는 향기가 되었다고 생각했다. 그래서 이 꽃을 찔레꽃이라고

불렀다.

  귀족 집안의 기 씨 소녀도 어릴 때 원나라에 끌려가 궁궐의 궁녀가 되었다. 그러다 원나라 황제의 마음에 들어 세 번째 황후가 되었다.

  원나라로 끌려간 고려의 소녀들은 수천 명이 넘었다. 그들은 원나라 귀족의 집이나 궁궐에서 시녀로 일했고, 대부분은 고향에 다시 돌아오지 못했다.

찔레처럼 원나라에 끌려간 여자들을 _____(이)라고 한다.

고려 사람들은 몽골군을 어떻게 물리쳤을까?

 흙으로 쌓은 처인성 성벽에 바짝 엎드린 사람들의 눈에 팽팽한 긴장감이 감돌았다. 저 멀리 희뿌연 먼지를 일으키며 몽골군이 달려왔다. 말발굽 소리가 하늘과 땅을 뒤흔들었다.
 "오냐, 얼마든지 오너라! 고려의 힘을 보여 주마!"
 마침내 치열한 싸움이 벌어졌다. 귀족들은 도망간 지 오래, 농사짓던 사람

처인성 전투를 상상하여 그린 기록화

들이 병사들과 힘을 합쳐 몽골군에 맞서 싸웠다. 전투가 계속되던 어느 날, 승려 장수 김윤후가 쏜 화살이 몽골 장수 살리타의 목에 꽂혔다. 우두머리가 죽자 몽골군은 북쪽으로 후퇴했다. 고려 사람들이 기어이 처인성을 지켜 낸 것이다.

강화도의 고려 궁궐 자리 고려 왕실이 몽골의 침입을 피해 머물렀던 곳이다. 현재는 외규장각 건물을 제외하고 빈 자리만 남아 있다.

그 뒤로 40년 동안 몽골은 고려에 다섯 차례나 더 쳐들어왔다. 충주성도 몽골군의 공격을 받았다. 충주성 승리의 주인공도 노비 군사들이었다. 이들은 70여 일을 넘기는 싸움 끝에 몽골군을 물리쳤다. 몽골군이 지나간 자리는 잿더미로 변했고, 고려 사람 수십만 명이 포로로 끌려갔다. 그 사이 고려 정부는 무엇을 했을까?

몽골이 쳐들어왔을 때 최고 권력자는 무신 최우였다. 왕은 허수아비나 다름없었다. 최우는 도읍을 개경에서 강화도로 옮기고, 그곳에서 16년에 걸쳐 팔만대장경을 만들었다. 부처님의 힘에 의지해 불안한 사람들의 마음을 달래고 몽골군을 물리치려고 했던 것이다.

몽골은 나라 이름을 원으로 바꾸고 거대한 제국을 건설했다. 고려 정부는 원나라와 전쟁을 끝내기로 합의하고 개경으로 돌아왔다. 그 뒤로 100여 년 동안 고려와 원나라는 가깝게 지냈다. 하지만 고려 왕이 원나라 공주와 혼인해야만 했고, 나랏일도 사사건건 간섭을 받았다. 수많은 고려 소녀들을 공녀로 보내고, 곱게 짠 모시 천, 금과 은 등의 귀금속, 고급 종이와 가죽, 도자기 등 어마어마한 공물을 원나라에 바쳐야 했다.

소년 무역상 고복이는
원나라에서 무엇을 봤을까?

고려 상인이 이동한 길 고려에서 원나라로 갈 때는 육로로 이동하였고, 고려로 돌아올 때는 배를 타고 이동했다.

열다섯 살 고복이는 원나라의 도읍 대도로 가는 상인들을 따라 개경을 떠났다. 북쪽으로 난 길을 걸어 압록강을 건넜고 한 달 만에 대도에 도착했다.

대도는 아라비아, 인도 등 여러 나라에서 온 상인들로 북적거렸다. 원나라 곳곳에서 나는 생산물과 수공품이 대도로 모였다가 다시 사방으로 팔려 나갔다. 대도 근처에는 고려 사람들의 마을도 있었다.

고복이네 일행의 짐 속에는 모시 130필, 인삼 100근, 먹 10통이 있었다. 말 15마리도 함께 도착했다. 모시, 인삼, 먹, 말은 원나라에서도 인기가 많았지만, 여러 나라 상인들을 통해 멀고 먼 나라까지 팔려 나갔다.

대도 거리 구경에 나선 고복이의 눈이 휘둥그레졌다.
"어, 원나라 사람 옷이 고려 사람 옷이랑 비슷하네!

신발이랑 모자도 비슷하네!"

시장에는 고려 만두와 떡을 파는 가게도 있었다. 개경에서도 지위 높은 사람들은 원나라 사람과 비슷한 옷을 입었다. 몽골 음식과 풍습도 유행했다.

가져온 것을 모두 판 고복이네 상인 무리는 산둥으로 갔다. 그곳에서 비단과 약재, 장신구와 책 등을 산 다음 항구로 갔다. 항구에는 고려 상인에게서 산 물품을 배에 싣고 일본으로 가는 원나라 상인도 있었다.

드디어 벽란도로 가는 배가 출발했다. 고려 상인들과 원나라 상인들이 가져가는 물품들로 배 안이 가득 찼다. 바람만 잘 불면 사흘 뒤에 도착할 것이다.

최무선은 왜 화포를 만들었을까?

"화약에 불을 붙여 펑 터뜨리면 화살과 쇳조각을 멀리 날려 보낼 수 있는데……. 왜구를 막는 데 화약만 한 것이 없는데……."

최무선이 아쉬운 듯 중얼거렸다.

당시 일본의 해적인 왜구가 고려의 해안 마을에 자주 쳐들어와 집을 불태우고, 사람을 죽이고, 곡식을 약탈해 갔다. 최무선은 원나라 사람들이 많이 모이는 곳을 찾아다니며 화약 제조법을 알 만한 사람을 수소문했다.

화약에 매달린 지 20년 만에 최무선은 한 염초 기술자의 도움으로 화약 제조에 성공했다. 그리고 최신 무기 화포를 만들었다.

왜구가 배를 500여 척 이끌고 진포구에 쳐들어와 고려 군선과 전투가 벌어졌다. 최무선은 직접 전투를 지휘했다. "펑! 펑!" 하고 천지를 울리는 소리와 함께 화포가 발사되었다. 희뿌연 연기가 피어오르고 검붉은 불꽃이 튀었다. 전투는 화포를 사용한 고려군의 승리로 끝났다.

황자총통 불씨를 손으로 붙여 탄환을 발사하는 총통이다. 길이가 약 50센티미터로, 가장 작고 이동이 편리하다.

완구 조선 시대에 사용한 화포이다. 불씨를 손으로 붙여 탄환을 발사했다. 길이가 약 65센티미터로, 중완구로 불린다.

지자총통 길이가 약 90센티미터로, 천자총통 다음으로 큰 총통이다.

고려 사람들은 남쪽으로는 왜구, 북쪽으로는 여진의 침략에 끊임없이 시달렸다. 원나라에 기대어 권력을 잡은 사람들은 농민의 땅을 함부로 빼앗고, 힘없는 사람을 노비로 삼았다. 땅이 있는 사람들도 걷어 가는 세금이 많아서 점점 견뎌 내기 어려워졌다. 절에 있는 스님들도 재산을 불리고 사치하느라 형편이 어려운 사람들을 더욱 못살게 굴었다. 부처님의 가르침과는 정반대였다.

　이런 가운데 동서남북으로 종횡무진 전쟁터를 누비며 여진과 왜구를 몰아내고 있는 장군 이성계의 인기가 갈수록 높아졌다. 이성계는 최무선이 만든 화포를 이용해 전쟁에서 계속 승리할 수 있었다.

　이성계와 그를 따르던 사람들은 고려를 대신할 새로운 나라를 세우기로 했다. 마침내 이성계는 왕위에 올라 나라 이름을 조선으로 바꾸었다. 최무선이 개발한 화약 무기 제조 기술은 조선으로 이어져 더욱 발전했다.

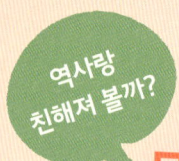

목화의 비밀을 찾아라!

고려 사람들의 생활 모습을 바꾸어 놓은 '이것'이 무엇인지, 어떻게 바뀌었는지 알아보자.

■ 사진 속 주인공의 이야기를 듣고, 빈 곳에 알맞은 낱말을 써 보자.

① _____ 에서 실을 뽑아 베틀로 무명을 짰다.

② 무명으로 옷을 지어 입게 되면서 옷차림이 다양해졌다.

③ 시장에서 _____ 과 쌀을 교환해서 겨울에도 배불리 밥을 먹을 수 있었다.

④ 겨울에 얇은 삼베를 겹쳐 쓰다가 _____ 솜을 넣은 솜옷, 솜이불을 쓰게 되었다.

■ 각각의 그림에 맞는 내용을 찾아 빈 곳에 번호를 써 보자.

세종의 비밀 작전은 무엇이었을까?
세종이 한글을 만든 진짜 이유는 무엇일까?
한글을 누가 사용했을까?

11

한글이
알려 주는
조선의 모습

세종의 비밀 작전은 무엇이었을까?

광화문 광장의 세종대왕 동상

세종이 신하들을 불러 모았다. 중대한 발표가 있을 것이라는 소문에 신하들이 웅성거렸다. 드디어 세종이 입을 열었다.

"내가 익히기 쉬운 새 글자를 만들었으니, 글자를 모르는 사람들에게 널리 알릴 방법을 생각해 보시오."

세종의 갑작스러운 명령에 신하들은 어리둥절했다. 왕이 새로운 글자를 만들었다니? 그 사실을 까맣게 몰랐던 신하들은 당황해서 어쩔 줄 몰랐다.

잠시 뒤 한 신하가 조심스럽게 아뢰었다.

"나라의 모든 일은 당연히 신하들과 의논해야 합니다. 그런데 저희와 의논도 없이 새 글자를 만들었다고 하시니 당황스럽습니다."

한글은 세종과 그의 뜻을 따르는 학자들의 비밀 작전을 통해 탄생했다. 그들은 한자와 다른 우리나라의 글을 만들기 위해 밤낮으로 애썼다.

세종은 작전을 성공시키기 위해 여러 학자들을 중국에 보내 다른 나라의 문자에 관한 책과 정보를 모아 오게 하여 함께 연구하였다. 급기야 세종은 눈병이 심해져 한동안은 책을 읽지 못할 정도로 고생했다.

하지만 끝까지 비밀로 할 수는 없었다. 완성된 한글을 널리 알리기 위해서는 신하들과 의논해야 했기 때문이다.

"우리나라는 대대로 중국의 학문과 풍습을 본받아 왔습니다. 한자를 쓰는 것도 같은 이유입니다. 그런데 이제 와서 우리 글자라니 부끄럽지 않습니까?"

"역사가 없는 무식한 나라만이 한자를 쓰지 않습니다. 어찌 조선을 그런 나라로 만들려고 하십니까?"

신하들은 한글 사용을 강하게 반대했다.

조정의 대신들과 양반들은 너도나도 세종에게 한글을 반대하는 글을 써 올렸다. 세종은 양반들의 반대를 미리 예상했다. 그래서 한글이 완성될 때까지 철저하게 비밀로 했던 것이다.

세종이 한글을 만든
진짜 이유는 무엇일까?

조선 시대에는 평범한 사람들이 나라의 뿌리라고 생각했다. 뿌리가 튼튼해야 나무가 잘 자라는 것처럼, 보통 사람들이 잘 살아야 나라가 발전할 수 있다고 보았다. 특히 세종은 여느 왕보다 백성을 생각하는 마음이 깊었다. 그래서

훈민정음을 반포하는 모습을 그린 그림 세종이 경복궁 근정전에서 훈민정음을 반포하는 모습이다. 세종은 1443년(세종 25년) 음력 12월에 '훈민정음'을 창제하여 3년 뒤에 반포하였다. 이 그림은 1983년에 제작되었다.

늘 무엇이 사람들을 힘들게 하는지 관심 있게 살폈다. 그러던 중 백성들의 큰 고충 하나가 눈에 띄었다.

"아이고, 아이고, 사기꾼에게 속았다네. 내 전 재산을 잃게 생겼어. 한자를 몰라 신고도 못 하고. 이 일을 어찌한단 말인가."

조선 시대에는 억울한 일이 있어 관청에 신고를 하려면 한자로 글을 써야 했다. 하지만 사람들 대부분이 한자를 쓸 줄 몰랐다. 먹고살기 바빠 한자를 공부할 시간이 없었기 때문이다. 그렇다 보니 억울한 일을 당해도 나라의 도움을 받지 못하는 경우가 많았다. 그뿐만 아니라 나라에서 정한 법이 무엇인지 누군가 알려 주거나 읽어 주지 않으면 알 수 없었다. 세종은 이런 불편함을 덜어 주고 싶었다.

그래서 세종은 한자와 달리 쓰기 편하고 배우기 쉬운 글자를 만들고자 했다. 오랜 연구 결과 탄생한 한글은 이 조건을 모두 만족시켰다. 자음과 모음 28자만으로 우리말을 모두 표현할 수 있고, 글자 수가 적고 모양이 단순해서 배우기도 쉬웠다.

이제 양반들을 설득하는 일만 남아 있었다. 세종은 양반들에게 보통 사람들을 돕는 것이 왕의 역할임을 강조하였다. 세종의 강한 의지에 양반들은 더 이상 불만을 나타낼 수 없었다. 더구나 한글은 우수한 글자였다. 양반들도 한글을 이렇게 평가할 정도였다.

"한글은 한 사람이 쉽게 만들 수 있는 글자가 아니다. 한글은 신이 내린 글자이며, 신의 역할을 대신할 수 있는 우리의 위대한 왕만이 만들 수 있는 글자였다."

세종은 한글을 '훈민정음'이라고 불렀다. '백성을 가르치는 바른 소리'라는 뜻이다. 하지만 단순히 백성을 돕기 위해서만 만든 것은 아니었다.

세종이 한글을 만들어야겠다고 결심할 무렵, 끔찍한 일이 벌어졌다. 진주에 사는 사람이 자신의 아버지를 죽인 사건이었다. 세종은 이 소식을 듣고 충격에 빠졌다.

"아니, 어찌 이런 일이 있단 말인가. 자식이 아버지를 잘 모시지는 못할망정…… 다 왕인 내 잘못이다."

"아닙니다, 전하. 백성들이 어리석기 때문이옵니다."

"그렇다면 더더욱 짐의 잘못이니라. 내가 어리석은 사람들을 가르치지 않았기 때문이 아니냐. 이제 그들에게 무엇을 해야 하는지, 무엇을 하지 말아야 하는지를 가르쳐야겠다. 부모를 잘 모신 자식과 임금에게 충성을 다한 신하의 이야기를 담아 책을 만들도록 하라. 그리고 그 책을 사람들에게 나눠 주어라."

세종의 명령으로 만든 책들은 전국으로 보내졌다. 하지만 사람들은 이 책을 읽지 않았다. 한자를 모르니 책을 읽을 수 없었던 것이다.

"책을 나눠 주어도 읽지를 못하니 이를 어찌할꼬……."

이때 세종은 쉽게 배울 수 있는 글자가 꼭 필요하다고 느꼈다. 그로부터 10년 뒤, 한글이 만들어졌다.

세종은 서둘러 한글로 책을 쓰도록 했다. 가장 먼저 쓰인 책이 바로 『용비어천가』였다. 이 책에는 조선을 세운 이성계와 조상들의 영웅적인 모습이 담겼다.

우리나라의 여섯 임금이 하신 일이 모두 하늘이 내리신 복이라네.
태조 임금이 말을 타고 절벽을 올라 왜적을 물리치셨다네.
어느 누가 절벽을 올라갈 수 있단 말인가.
태조 임금이 위화도에 있을 때 장마가 계속되었지만, 홍수가 나지 않았네.
태조 임금이 위화도를 떠나니 섬이 물에 잠겼다네.

『용비어천가』를 가장 먼저 쓴 까닭은 무엇일까? '조선의 왕들이 모두 위대하고, 하늘에서 내려온 사람들이니 이들을 믿고 따르라.'는 내용을 가장 먼저 가르치고 싶었기 때문이다.

이와 같이 세종이 한글을 만든 이유는 한자를 모르는 보통 사람들을 돕기 위해서였다. 동시에 보통 사람들에게 '왕의 명령을 잘 따르고 사회 질서를 잘 지킬 것'을 가르치기 위한 목적도 있었다.

한글을 누가 사용했을까?

부산광역시 기장군 가마터에서 발견된 도자기 조각에서도 한글을 사용한 흔적을 찾을 수 있다. 도자기 조각을 자세히 보면 '더뎌도됴두듀', '러려로료루류'라는 글자가 새겨져 있다. 부산은 왕이 사는 한양에서 꽤 멀리 떨어진 곳이다. 이곳 사람들이 도자기에 한글을 새긴 것으로 보아 당시 많은 사람들이 한글을 썼음을 짐작할 수 있다.

세종은 한글이 널리 사용되기를 원했다. 그래서 나라에서 사용하는 문서를 한글로 쓰게 하고, 과거 시험 문제를 한글로 내게 했다. 하지만 세종의 뒤를 이은 왕들은 그런 일에 별 관심이 없었다. 심지어 한글 사용을 금지한 왕도 있었다.

그럼에도 불구하고 한글을 사용하는 사람들은 점차 늘어났다. 세종의 바람대로 한글은 사람들의 생활 곳곳에서 큰 도움이 되었기 때문이다.

한자를 배우지 못했거나 배울 필요가 없었던 사람들은 대부분 한글을 사용했다. 그중에는 신분이 높은 양반 가문의 여성들도 있었고, 왕실의 어린 세자나 공주들도 있었다.

한글 사용에 반대했던 양반들도 한글의 도움을 받았다. 한석봉처럼 『천자문』에 한자를 어떻게 읽는지, 그 뜻은 무엇인지를 한글로 적어 두면 공부하기가 쉬웠기 때문이다.

한글은 처음에 무식한 사람이나 여자가 배우는 글이라고 무시당하고 비난

한글이 새겨진 도자기 조각 부산 기장군 가마터에서 발굴되었다.

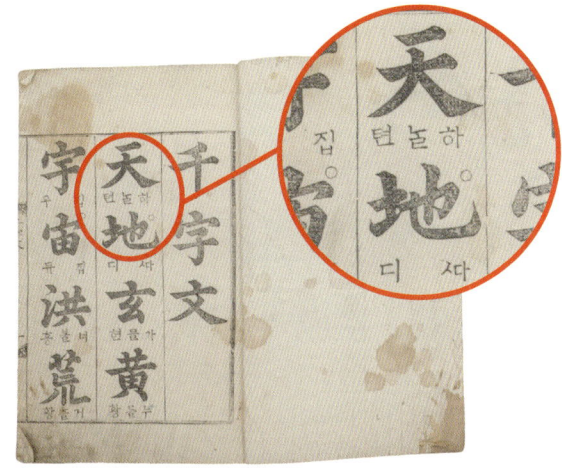
한석봉의 『천자문』 한자를 익히기 쉽도록 한자의 음과 뜻을 한글로 기록하였다.

받았다. 하지만 점차 시간이 흐르면서 조선 사회의 중요한 글자로 인정받기 시작했다. 다음 편지글을 보면 당시 사람들이 한글로 어떤 글을 썼는지 엿볼 수 있다.

> 채 서방에게 시집간 딸 보아라.
> 요즘은 몸이 어떠하냐? …… 우리는 무사하다. 다 잘 있다. …… 네 손은 어떠하냐? 네가 그렇게 아프다고 하니, 내가 젊었을 때처럼 몸과 마음이 건강하다면 조금이나마 돌보아 줄 텐데. 내 마음이 어지럽고 걱정스럽다.
>
> 시월 보름날 엄마가

> 정숙 공주에게
> 네가 쓴 편지를 보았다. 정안 옹주의 얼굴에 난 것은 그 방이 어둡고 습해서이다. 그 방에 햇살이 들면 내가 가서 보고 상태를 알려 주마. 의관(의사)과 의녀(간호사)가 잘 간호하고 있으니 걱정하지 마라. 곧 좋아질 것이다.
>
> 조선 14대 임금, 선조

> 역사랑 친해져 볼까?

조선 시대의 왕은 어떤 일을 했을까?

만 원짜리 지폐의 앞면과 뒷면에는 다양한 그림이 있다.
지금부터 돋보기를 들고 지폐 속 그림들을 하나하나 살펴보자.

■ 지폐 앞면과 뒷면의 그림에 어떤 의미가 담겨 있는지 알아보자.

『용비어천가』의 일부가 적혀 있다. 그 내용은 '나라가 영원히 발전할 것이다.'라는 의미이다.

해와 달, 산이 그려진 그림이다. 조선 시대에는 이 그림이 항상 왕 뒤에 놓여 있었다. 왕은 하늘과 땅을 사람들과 이어 주는 사람이라는 의미이다.

돋보기로 인물의 목 부위를 자세히 살펴보자. 지폐의 모델이 누군지 알려 주는 중요한 힌트이다. 누구보다 백성을 사랑하고 아꼈던 이 왕은 누구일까?

■ 조선 시대의 왕은 어떤 일을 해야 했는지 써 보자.

조선 시대에 사용한 별자리 지도가 그려져 있다.

이 그림은 혼천의이다. 하늘의 움직임을 파악하여 시간과 날짜, 계절을 확인하는 장치이다. 조선 시대에는 왕을 하늘이 내려 준 사람이라고 생각했다. 따라서 왕은 하늘의 뜻을 잘 알아야 했다. 그래서 계절과 날씨, 시간의 변화를 연구하여 백성들에게 알려 주었다.

열세 살 농부 칠복이는 어떤 놀이를 즐겼을까?
양반 도령 숙길이는 힘든 공부를 왜 했을까?
숙길이의 그림자, 노비 도토리는 하루 동안 어떤 일을 했을까?

12

농사짓는 사람, 글공부하는 사람, 시중드는 사람

열세 살 농부 칠복이는
어떤 놀이를 즐겼을까?

 뜨거운 햇살 아래 어디선가 노랫소리가 들려온다. 논에서 벼 베기를 하는 농부들의 노랫소리이다. 그 가운데는 열서너 살쯤 되는 소년도 있다.
 조선 시대 사람들은 대부분 농부였다. 그렇기 때문에 어른, 아이 할 것 없이 모두 농사일을 했다. 그나마 나무하기, 소여물 먹이기, 새참(간식) 나르기 같은 쉬운 일이 주로 아이들 몫이었다.
 농사일은 힘들었다. 사람들은 일하면서 힘든 것을 잊기 위해 노래를 불렀다.

주로 농사일의 내용이나 사람들의 마음에 가락만 붙였다. 아주 오래전부터 지역별로 다양한 노래들이 이어져 왔다. 흥겨운 가락에 맞춰 농사일을 하다 보면, 어느새 하루가 저물었다.

올라 올라 올라 올라간다 / 올라간다 왼어깨루 또 올라간다
여러 일꾼님네들이오 일심을 받아 올라간다

– 볏단 나르는 소리(경기도 강화군)

여그 있다 / 여그 때려라 / 옹헤야 / 홍헤야 / 여그 때려라 / 옹헤야
잘도 맞네 / 우리 군사 / 얼씨구나 / 잘 때린다 / 홍헤야 / 홍헤야 / 잘도 하네

– 보리타작 소리(전라남도 진도군)

농사일로 늘 바빴지만, 아이들은 시간만 나면 친구들과 뛰어놀았다. 그런데 재미있게도 놀이 역시 농사일과 관련이 있었다.

정월 대보름 전날, 열세 살 농부 칠복이는 횃불을 들고 집을 나섰다. 마을 입구의 큰 나무 아래에 친구들이 모여 있었다. 모두 횃불을 든 채였다.

"논두렁에 불을 지르자! 누가 가장 많이 태우는지 내기 할까?"

칠복이의 외침에 너도나도 논두렁에 불을 놓기 시작했다. 평소라면 불장난을 말릴 어른들도 함께 불을 질렀다. 온 마을의 논이 붉게 타올랐다.

칠복이와 마을 사람들이 함께 했던 놀이는 쥐불놀이였다. 쥐불놀이는 농사를 시작하기 전, 불로 논밭의 잡초나 벌레를 태워 버리는 정리 작업이었다. 잡초와 벌레가 없어지면 농사가 더 잘되었다. 농부들은 놀이를 할 때조차 농사를 생각할 만큼 농사가 잘되는 것이 꿈이고 목표였다.

양반 도령 숙길이는
힘든 공부를 왜 했을까?

아침 6시, 해가 뜨기 무섭게 사랑채에서 책 읽는 소리가 들린다. 이른 새벽부터 졸린 눈을 비비며 열심히 공부하는 까닭은 무엇일까? 양반 도령 숙길이의 이야기를 들어 보자.

오늘 아침도 책을 읽으며 하루를 시작했어. 아침부터 무슨 책이냐고? 할아버지는 공부를 잘하려면 무엇보다 올바른 습관이 중요하다고 하셨어. 그래서 아침마다 책 읽는 습관을 만드는 중이야.

매일 밤 10시까지 공부하다 보면 하루가 어떻게 지나가는지 모르겠어. 나도 친구들과 뛰어놀고 싶을 때가 많아. 그래서 며칠 전에는 할아버지 몰래

친구들과 놀러 나갔어. 물론 들키고 말았지. 할아버지는 몹시 화를 내셨고, 회초리를 드셨어. 종아리를 맞고 얼마나 울었는지 몰라.

내가 공부를 해야 하는 까닭은 훌륭한 사람이 되기 위해서래. 하지만 다른 이유도 있는 것 같아. 할아버지는 늘 내게 과거 시험에 합격해서 가문의 명예를 높여야 한다고 하시거든. 그래야 양반으로 인정받을 수 있대.

그런데 과거 시험에 합격하는 건 정말 어려운 일인가 봐. 사촌 형도 10년째 공부를 하고 있거든. 나도 공부가 너무 힘들어. 놀고 싶은 마음은 굴뚝같지만 할아버지의 기대를 저버릴 수가 없어. 정승이라는 높은 벼슬을 하게 되면 할아버지께서 얼마나 기뻐하실까? 아, 나도 공부를 잘했으면 좋겠어.

숙길이처럼 양반 도령들은 과거 시험이 일생의 목표였다. 합격은 하늘의 별 따기만큼 어려웠다. 우선 전국에서 200명을 뽑는 1차 시험에 합격해야 했다. 그래야 요즘의 국립대학이라고 할 수 있는 성균관에 입학할 수 있었다. 성균관에서 공부한 뒤에는 관리를 뽑는 2차 시험을 치렀다. 33명을 뽑는 2차 시험에 합격해야 비로소 관리가 될 수 있었다.

과거 시험에서 1차만 합격해도 사흘 동안 잔치를 열었다. 양반 도령들은 그 합격 잔치를 꿈꾸며 오랜 시간 동안 공부했다.

〈삼일유가〉 조선 시대 과거에 합격한 것을 축하하는 잔치를 그린 그림이다.

숙길이의 그림자, 노비 도토리는 하루 동안 어떤 일을 했을까?

손 하나 까닥하지 않고 옷을 입는 것이 가능할까? 조선 시대의 양반에게는 가능한 일이었다. 바로 노비가 있었기 때문이다. 노비는 양반의 생활에 필요한 모든 일을 도맡아서 했다. 열세 살 노비 도토리의 하루를 따라가 보자.

새벽 세 시, 아직 닭도 울지 않았다. 도련님이 세수할 따뜻한 물을 준비하려면 이 시간에 일어나야 한다. 곧 닭이 울고 날이 밝았다. 도련님이 일어나셨다. 준비해 둔 물을 들고 갔다. 그러고는 쉴 틈 없이 이불을 정리했다. 옷을 갈아입는 것까지 돕고 나니, 바쁜 아침 일과가 끝났다.

소 먹이를 먹인 뒤에는 마당을 쓸었다. 정신없이 집안일을 하다 보니 어느덧 아홉 시가 되었다. 아침밥을 허겁지겁 먹고 건넛마을 최진사 댁으로 주인어른 심부름을 다녀왔다. 심부름을 마치고 돌아와 도련님을 쫓아다니다 보니 금세 저녁이었다.

 서둘러 밤에 쓸 땔감을 준비하고 저녁을 먹었다. 도련님의 공부는 밤늦게 끝이 난다. 그전에 도련님이 주무실 방에 불을 때고, 잠자리를 깔아 두었다. 공부를 끝낸 도련님이 옷을 갈아입고 씻는 것을 도왔다. 드디어 도련님 방에 불이 꺼졌다. 이제 내가 할 일이 모두 끝났다. 내일 또 일찍 일어나려면 얼른 자야 한다.

 노비들은 양반을 위해서 하루 종일 일했다. 하지만 양반들은 노비를 재산으로 생각했다. 노비는 물건처럼 사고 팔렸고, 가족이 뿔뿔이 흩어져 각자 다른 주인을 섬기기도 하였다. 심지어 노비의 자식은 대를 이어 노비가 되었다. 노비들은 조선에서 가장 힘든 사람들이었다.

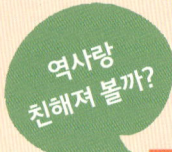 역사랑 친해져 볼까?

조선 시대의 승경도 놀이

조선 시대의 양반 아이들은 과거 시험에 합격해 높은 관리가 되고 싶어 했다.
그 꿈을 '승경도 놀이'라는 보드게임으로 만들어 즐겼다.

■ 조선 시대의 아이들처럼 승경도 놀이를 해 보자.

준비물
놀이판, 주사위, 게임용 말

놀이 방법
① 가위바위보를 하여 말을 고르고 순서를 정한다.
② 순서가 정해지면 출발 미션의 지시에 따른다.
③ 출발 미션을 통과했다면 출발 지점으로 말을 이동한다.
④ 주사위를 던져 나온 수만큼 이동하고,
   게임판의 지시에 따른다.
⑤ 먼저 도착하는 사람이 승리한다.

승경도 놀이판과 주사위

출발 미션
조선 시대에는 양반 아이들만 관리가 되는 꿈을 꿀 수 있었다.
주사위를 던져 양반으로 태어나 게임을 시작하자.

 **미션 통과** 양반으로 태어났다. → 1로 가시오.

 미션 실패 보통 사람으로 태어나 평생 농사를 짓고, 세금을 내고, 군대에 다녀왔다. → 다음 차례에 다시 던진다.

 미션 실패 노비로 태어나 평생 동안 양반이 시키는 일만 했다.
→ 한 번 쉬고 그다음 차례에 다시 던진다.

도착 ←

훌륭한 관리로 은퇴하였다.	**39**	왕을 바꾸려 한 계획이 들통났다.	**37**	가장 높은 관리가 되었다. (친구들에게 절 받기)
31	힘 있는 가문과 결혼하였다.	**33**	외교관이 되어 중국으로 떠났다. (한 번 쉼)	**35**
왕에게 미움을 받았다.	**29**	백성에게 도움이 되는 훌륭한 일을 했다.	**27**	너무 열심히 일만 하다가 병에 걸렸다. (한 번 쉼)
21	뇌물을 받았다.	**23**	남들이 탐내는 좋은 관직에 올랐다.	**25**
전쟁 중 백성을 지키기 위해 노력하였다.	**19**	암행어사 출두야! (아무나 두 칸 뒤로 보내기)	**17**	관리 신고식을 하였다. (춤추고 노래하기)
11	최종 시험에서 컨닝을 하였다.	**13**	장원 급제 하였다.	**15**
최종 시험을 위해 한양으로 가다 산적을 만났다.	**9**	기초 시험에 합격하였다.	**7**	매일 술 마시며 놀았다.
1	서당에서 매일 혼났다. (친구들에게 사과하기)	**3**	천자문을 다 배웠다.	**5**

출발 →

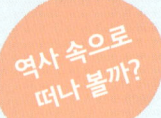
역사 속으로 떠나 볼까?

퇴계 이황의 가르침을 찾아 안동으로!

서원은 조선 시대에 학생들이 먹고 자며 공부하던 곳이다. 도산서원은 퇴계 이황이 제자들을 직접 가르친 곳으로, 경상북도 안동시 도산면에 자리 잡고 있다. 이황의 가르침이 남아 있는 도산서원을 찾아가 보자.

학생들이 공부했던 전교당이다. 건물 간판은 한석봉이 썼다.

이황이 학생들을 가르쳤던 도산서당이다. 천 원짜리 뒷면에도 그려져 있다.

도산서원

■ 도산서원에서 학생들이 머물던 기숙사는 _____ 와 _____ 이다. 그곳을 찾아보자.

전교당

■ 전교당에 앉아 '나의 다짐'을 쓰고 큰 소리로 읽어 보자.

광명실

■ 왜 건물을 땅에서 띄운 형태로 지었는지 알아보자.

상덕사

■ 서원에서 누구에게, 왜 제사를 지냈는지 생각하여 친구들과 이야기를 나누어 보자.

일본군은 왜 코를 잘라 갔을까?
누가 궁에 불을 질렀을까?
위기에 처한 조선을 누가 구해 냈을까?
인조는 청 황제에게 왜 무릎을 꿇었을까?
큰 전쟁을 겪은 조선 사람들은 어떻게 살았을까?

13

조선을 뒤흔든 전쟁 속으로

일본군은 왜 코를 잘라 갔을까?

"이비야, 에비야!"

아이들이 위험한 행동을 할 때, 어른들이 말리며 하는 말이다. 이 말은 무슨 뜻일까? 언제부터 이 말을 썼을까?

'이비야' 또는 '에비야'라는 말에는 전쟁으로 희생당한 조선 사람들의 아픔이 담겨 있다.

 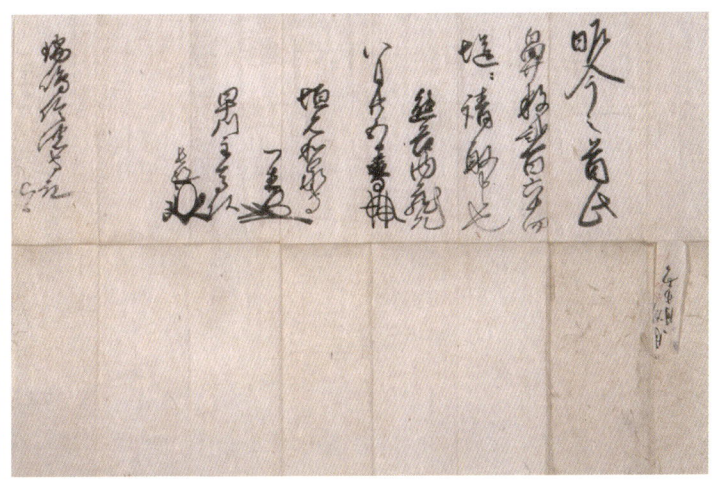

코 무덤 일본 교토의 도요쿠니 신사 옆에 있는 조선인의 코 무덤이다.

코 영수증 일본군이 1597년 8월 25일에 쓴 것으로, '머리를 대신하여 코 264개를 보냈다.'는 내용이 적혀 있다. 황석산성 전투 때 작성한 것으로 추정된다. 1597년 8월에서 9월에 확인된 것만 약 30,000개나 된다.

    1592년에 일본이 조선을 침략했다. 이 전쟁을 '임진 전쟁'이라고 부른다. 일본 군인들은 전쟁을 하는 틈틈이 조선 사람들의 코를 잘라 갔다. 일본군의 우두머리가 군인들에게 코를 많이 베어 오면 상을 내리겠다고 했기 때문이다. 일본 군인들은 조선 군인의 코뿐 아니라 보통 사람들의 코도 베어 갔다.

    사람들은 코를 잘라 가는 일본군을 무척이나 무서워했다. 그래서 일본군이 나타나면 재빨리 도망쳤다. 그때 외쳤던 말이 바로 '이비야'였다. 한자어인 '이비(耳鼻)'는 우리말로 '귀(耳)'와 '코(鼻)'를 뜻한다. 일본군이 몰려오니 귀와 코를 조심하라는 의미였던 셈이다.

    이후로도 사람들은 위험한 일이 있을 때 "이비야!"라고 외쳤다. 그리고 그 말이 지금까지 이어져 쓰이고 있다.

    한편 일본군은 잘라 간 코를 모아 한곳에 묻고 무덤을 만들었다. 일본 교토에 있는 '코 무덤'이 대표적이다. 일본에는 이런 무덤이 몇 군데 더 있다. '이비야'와 '코 무덤'은 임진 전쟁이 얼마나 잔인했는지를 보여 주는 증거이다.

누가 궁에 불을 질렀을까?

일본군이 가장 먼저 침략한 곳은 부산이었다. 관군은 제대로 힘도 못 써 보고 연이어 일본군에게 패배했다. 하루 만에 부산을 손에 넣은 일본군은 열흘 만에 경상도를 차지했다. 일본군이 한양을 향해 빠르게 올라오자, 선조는 중국의 명에게 도움을 요청했다. 하지만 그것만으로는 안심이 되지 않았다.

비 내리는 늦은 밤이었다. 임진 전쟁 당시 조선의 왕이었던 선조가 어디론가 빠져나가고 있었다. 전쟁이 한창 벌어지고 있는데 왕은 어디로 가는 것일까?

선조는 자신이 살아남아야 나라를 지킬 수 있다고 생각했다. 그래서 한양을 버리고, 사람들을 내버려두고, 북쪽으로 도망가기로 했다. 이 사실을 알게 된 사람들이 몰려나와 눈물을 흘리며 왕을 막아섰다. 하지만 선조는 아랑곳하지 않고 서둘러 떠나 버렸다.

남겨진 사람들은 어떻게 됐을까? 한양에 사는 훈이의 이야기를 들어 보자.

서둘러! 우리도 빨리 도망가야 해. 어젯밤 임금님이 북쪽으로 도망갔다는 소문 들었지? 어떻게 그럴 수 있어? 우리 아버지는 임금님을 위해 군대도 다녀왔는데.

임금님이 사는 궁궐도 옛날에 우리 같은 사람들이 직접 지었다고 했어. 부려 먹을 땐 언제고 혼자 살겠다고 도망가다니 정말 화가 나.

임금님이 떠나고 얼마 되지 않아 궁궐에 불길이 솟았어. 갑작스러운 불에 깜짝 놀

랐지만, 한편으로는 속이 시원했어. 참 나, 왕이 있어야 나라를 지킬 수 있다고? 우리 같은 보통 사람들이 있어야 나라가 있는 거야. 안 그래?

일본군은 왕이 도망가서 비어 버린 한양을 쉽게 차지했어. 전쟁이 시작된 지 불과 20여 일 지났을 때였어. 미리 전쟁을 준비하지 않았던 왕과 양반들은 허둥댈 뿐이었고, 조선의 군사들은 싸울 의지를 잃고 도망치기에 바빴어.

위기에 처한 조선을
누가 구해 냈을까?

　일본군은 성을 점령하고 불을 질렀다. 관군도 흩어졌다. 곳곳에 숨어 있던 사람들은 일본군에게 목숨을 잃었다. 온 마을이 비명소리로 가득했다.
　그때 산에서 큰 함성이 들려왔다.
　"우리 마을은 우리가 지킨다!"
　"적들의 손에서 가족을 구해 내자!"
　의병들이었다.
　전쟁이 나자 도망친 왕과 달리 스스로 일본군과 싸우려는 사람들이 전국에서

의병과 일본군의 전투를 상상하여 그린 기록화 최경회가 이끄는 의병의 전투를 그렸다. 이들의 활약은 진주에서의 승리에 큰 도움이 되었다.

생겨났다. 이들을 '의병'이라고 부른다. 곽재우, 고경명 등이 이끄는 의병은 일본군과 싸워 여러 차례 큰 승리를 거두었다. 이들은 자신의 전 재산을 내어놓고, 불리한 상황에서도 도망가지 않고 끝까지 싸웠다. 위기에 처한 조선을 평범한 사람들이 지켜낸 것이다.

의병의 승리로 관군도 힘을 얻었다. 특히 이순신이 이끄는 수군의 활약은 눈부셨다. 그들은 평소 전쟁 준비를 철저히 했기 때문에 일본군과 싸워 한 번도 지지 않았다. 특히 한산도 앞바다에서는 일본군에게 크나큰 피해를 입혔다.

임진 전쟁 때 활약한 의병들과 활동 지역

수군과 의병이 활약하는 사이 육지의 관군도 달라졌다. 김시민 장군이 지키던 진주에서는 8,000여 명의 군인과 마을 사람들이 힘을 합쳐 3만여 명의 일본군을 물리쳤다. 모두가 한마음으로 싸웠기 때문에 가능했던 승리였다.

일본군이 점점 불리해지기 시작했을 때, 명에 요청한 지원군이 도착했다. 명은 처음에는 꺼렸지만 일본이 명도 공격하려 하자 전쟁에 참여했다. 명의 지원으로 전쟁은 조선에 더욱 유리해졌다.

전쟁이 일어난 지 7년이 흘렀을 때, 전쟁을 이끌던 도요토미 히데요시가 사망하면서 일본군은 싸울 의지를 잃었다. 결국 전쟁에 패배한 일본군은 서둘러 돌아갔고, 오랜 전쟁은 끝이 났다.

인조는 청 황제에게
왜 무릎을 꿇었을까?

임진 전쟁이 끝난 지 얼마 되지 않았을 때 북쪽에서 새로운 위기가 닥쳐왔다. 중국의 명과 후금이 전쟁을 벌였기 때문이다. 후금의 공격으로 불리해지자, 명은 조선에 군대를 보내 달라고 도움을 요청했다. 후금은 조선에게 명을 도우면 가만히 있지 않겠다고 경고했다.

당시 조선의 왕이었던 광해군은 섣불리 명을 도왔다가 후금과 사이가 나빠질까 봐 걱정이 많았다. 그래서 두 나라 사이에서 관계를 잘 유지하며 어느 쪽의 편도 들지 않았다. 오랜 기간 임진 전쟁으로 고통받은 사람들을 또다시 힘

들게 할 수는 없었기 때문이다.

그러나 양반들은 명을 돕지 않는 광해군을 비난했다. 임진 전쟁 때 명이 도와주었으니, 조선도 의리를 지켜야 한다는 것이었다. 광해군은 또다시 전쟁이 일어날 수도 있다고 양반들을 설득했지만 소용없었다. 오히려 양반들은 광해군을 몰아내고 인조를 새로운 왕으로 세웠다.

인조가 명을 돕자 후금이 조선을 공격해 왔다. 많은 사람이 죽거나 다쳤고, 고향을 떠나야 했다. 그러나 왕과 양반들은 설령 나라가 없어지더라도 의리를 저버리면 안 된다고 생각했다.

후금은 나라 이름을 청으로 바꾸었다. 청의 힘이 점점 세지는데도 조선은 여전히 명을 도왔다. 이에 청은 다시 조선을 침략했다. 결국 전쟁이 난 지 45일 만에 조선의 왕 인조가 청의 황제 앞에서 무릎을 꿇고 머리를 조아렸다.

잘못된 선택을 한 인조와 양반들은 사람들에게 용서를 구하고, 자신들의 잘못을 책임졌을까? 안타깝게도 그렇지 않았다. 청에게 복수를 하겠다며 또다시 전쟁을 준비하였다. 그래서 전쟁이 끝난 후에도 사람들의 삶은 나아지지 않았다.

삼전도비 인조는 삼전도(지금의 서울 송파구 삼전동)에서 청 황제에게 머리를 땅에 아홉 번 찧으며 항복하는 치욕을 당했다.

큰 전쟁을 겪은 조선 사람들은 어떻게 살았을까?

청의 군대가 조선에 쳐들어왔을 때, 안추원은 열네 살 소년이었다. 안추원은 부모님과 함께 강화도로 피난을 갔지만, 곧 청의 군대에 잡히고 말았다. 그 뒤 부모님과 헤어지고 중국으로 끌려가 노예가 되었다.

27년이 지나 안추원은 어느새 마흔한 살의 아저씨가 되었다. 하지만 여전히 가족과 고향이 그리웠다. 결국 안추원은 탈출하기로 마음먹었다.

"고향에 돌아간다면 죽어도 원이 없겠어."

도망가다 붙잡혀 고통을 받기도 했지만, 결국 탈출에 성공해 고향 땅을 밟았다. 하지만 힘들게 돌아온 고향에서 자신을 반겨 주는 사람은 아무도 없었다. 전쟁으로 가족이 뿔뿔이 흩어져 버렸기 때문이다. 당장 먹고살 길이 막막했던 안추원은 다시 중국으로 돌아가기로 했다.

일본에 이어 청과도 전쟁을 벌여야 했던 조선 사람들은 크나큰 아픔을 겪어야 했다. 많은 사람들이 비참하게 죽었고, 가족을 잃었다. 간신히 살아남은 사람들도 고통스럽기는 마찬가지였다. 안추원처럼 포로가 되어 일본과 청으로 끌려갔기 때문이다. 특히 여자나 어린아이가 많았는데, 대부분 노예로 힘든 삶을 살았다.

그나마 운 좋게 고향에 남은 사람들은 굶주림에 시달렸다. 도망 다니는 동안 농사를 짓지 못했기 때문이다. 버려져 엉망이 된 논과 밭에서 다시 곡식을 수확하기까지는 오랜 시간이 필요했다. 이런 상황에서 해마다 청에 쌀과 금 등

의 물건까지 바쳐야 해서 사람들은 한 끼라도 배불리 먹는 것이 소원이었다.

전쟁으로 조선 사람들만 고통받은 것은 아니었다. 청이나 일본의 병사들도 괴로움을 겪었다. 대부분은 어쩔 수 없이 전쟁에 끌려왔고, 그중에는 오랜 전쟁에 지쳐 조선에 항복한 사람들도 있었다. 항복한 사람들은 전쟁이 끝나도 고향으로 돌아갈 수 없었다. 원하지 않는 전쟁으로 고향을 버려야 했던 사람들은 전쟁의 또 다른 희생자였다.

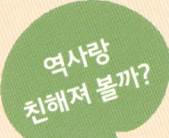

사라진 도자기 기술자를 찾아라!

임진 전쟁이 끝나고 몇 년이 지났다. 궁궐에서 제사 때 쓸 도자기들이 전쟁으로 사라졌다. 전국을 뒤져도 쓸 만한 도자기가 없자, 왕은 조선 명탐정에게 의뢰를 하였다.

■ 도자기 기술자들은 어디로 갔을까? 만화를 보고 추리하여 말해 보자.

도자기 기술자들이 모두 사라졌다는데, 어찌된 일인가? 그들이 어디로 갔는지 찾아봐 주게.

예, 알겠습니다. 조선 명탐정, 최선을 다하겠습니다.

이곳이 예전에 도자기를 만들던 마을이오? 혹시 도공을 본 적이 있소?

없습니다. 몇 년 전 임진 전쟁 때 죽은 사람이 수십만입니다. 그때 도공뿐만 아니라 많은 사람들이 사라졌어요.

조선 장인들을 많이 잡아오되, 포로 중 도자기를 만드는 자와 바느질을 잘하는 자, 조선 요리를 잘하는 자는 특별히 뽑아 보내라.
도요토미 히데요시

이것 보십시오. 일본군이 남긴 편지에 도공들에 대한 이야기가 있어요!

그래? 어디 보자.

 일본에서 도자기가 나온단 말이오? 아니, 일본은 도자기를 만들 줄 모르잖소? 어떻게 된 일이오?

이삼평이라는 사람을 중심으로 도자기를 만드는 마을이 있답니다. 일본에서는 이삼평을 도조(도자기의 조상)라고 부르며 존경한다고 들었어요. 이 도자기를 한번 보세요. 아리타 자기라고 하더군요.

 혹시 조선에서 오지 않았소?

 조선 사람이시오? 이거 얼마 만에 조선 사람을 만나는지! 반갑습니다그려.

 나는 도자기 만드는 사람들이 어디로 갔는지 찾고 있었소. 그래, 당신들은 어떻게 지내고 있소?

포로로 끌려올 때는 걱정이 많았지만, 지금은 괜찮소. 조선에 있을 때는 사람들이 나를 함부로 대했는데, 이곳 사람들은 기술자라면서 존경해 주거든요.

 그럼 고향에 돌아가고 싶은 마음은 없소?

가끔 고향이 그립고, 부모님도 뵙고 싶지요. 하지만 이곳에서 도자기 만들면서 사는 것도 나쁘지는 않소.

 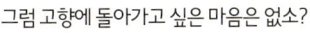

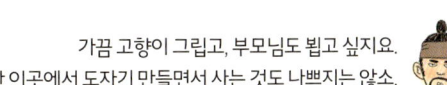 인터넷에서 이삼평을 검색해 그의 일생을 정리해 보자.

부록

정답
찾아보기
사진 출처
참고 자료

정답

[나의 이야기도 역사가 될 수 있을까?]

14~15쪽

'나' 인터뷰 질문 만들기
- 유치원에서 가장 친한 친구 이름은요? / 가장 좋아하는 놀이는 무엇인가요?

'나의 역사'에 기록할 물건 찾고, 중요한 일 쓰기
- 내가 찾은 자료는 <u>유치원 학예 발표회 사진</u> / <u>컴퓨터에 저장되어 있던 친구의 생일 노래 악보 파일</u> / <u>장난감을 가지고 거실에서 놀고 있는 사진과 어머니 말씀</u>

- '나의 역사'에 들어갈 중요한 일은 어릴 때 <u>'장난감 북'을 가장 좋아해서 매일 두드리고 논 것</u> / <u>유치원 다닐 때 친구들과 함께 악기를 연주한 것</u> / <u>4학년 때 친한 친구의 생일에 '생일 노래'를 만들어서 선물한 것.</u>

자료를 바탕으로 '나의 역사' 쓰기
- ㉔ 나는 2007년에 태어났다. 나는 어릴 때부터 음악을 아주 좋아했다고 한다. 지금까지 기억나는 일 중에는 음악과 관련된 것이 많다. 나는 언제 어디서든 음악이 나오면 손뼉을 치고 좋아하며 고개를 흔들어 박자를 맞추었다고 한다. 장난감 북을 두드리며 노래 부르기가 내가 가장 좋아하는 놀이 중 하나였다고 한다. 유치원 다닐 때는 학예회에서 친구들과 함께 악기 연주를 했는데, 나는 리코더 연주를 했다. 엄청난 박수를 받으면서 '나는 나중에 꼭 음악가가 되어야지.'라고 생각했다. 초등학교 4학년 때는 친구의 생일 노래를 직접 만들어 선물했다. 지금도 나는 음악이 좋다. 나중에 음악 관련된 일을 하게 되지 않을까?

[용어 퀴즈]

25쪽 조개더미에 갈판을 버린 사람들은 주로 <u>강가</u>나 <u>바닷가</u>에 살았다.
33쪽 고인돌에 묻힌 사람은 <u>군장</u>이다.
43쪽 단군 왕검이 한반도 주변의 청동기 마을을 모아 만든 최초의 나라는 <u>고조선</u>이다.
53쪽 고구려 사람들은 평지성보다 <u>산성</u>을 더 많이 쌓았다.
61쪽 삼국의 백성들은 왕을 <u>부처님</u> 모시듯 대했다.
67쪽 벽화에 그려진 사람들의 크기가 다른 것은 <u>신분</u>이 다르기 때문이다.
73쪽 설계두는 신라에서 <u>실력</u>을 인정받지 못해서 당나라로 갔다.
87쪽 장보고는 <u>당나라</u>, <u>일본</u>, <u>신라</u> 사이에서 무역을 해서 성공했다.
115쪽 쌍기가 중국에서 들여온, 관리를 뽑는 제도는 <u>과거 제도</u>이다.
127쪽 연등을 밝히고 미륵 부처님에게 소원을 비는 행사를 <u>연등회</u>라고 한다.
131쪽 최충헌의 노비 만적은 천민을 없애기 위해 봉기를 계획했다.
139쪽 찔레처럼 원나라에 끌려간 여자들을 <u>공녀</u>라고 한다.

[역사랑 친해져 볼까?]

26~27쪽 어디에 쓰던 물건일까?

쓰임새 연결하기

쓰임새 상상하기

- ㉮ 나라면 벽에 걸어 두고 신이라고 생각했을 거야. / 나라면 제사상 위에 사진 대신 세워 두고 조상신이라고 생각하고 제사를 지냈을 거야. / 나라면 탈 대신 얼굴에 쓰고 돌아다녔을 것 같아.

36~37쪽 두 마을의 차이를 찾아라!

구리네 마을 모습 알아보기

- 그리고 무기를 들고 싸움 연습하는 사람들이 있잖아. / 청동으로 칼을 만드는 사람이 보이잖아.
- 그렇게 해서 나라가 생긴 거구나.

두 마을의 달라진 생활 모습 이야기하고, 도구 고르기

- ㉮ 구리네 마을이 훨씬 커. 사람이 많이 살고 집 모양도 달라. / 갈돌이네는 고기 잡는 사람들이 있지만, 구리네는 농사짓는 사람들과 전쟁 연습하는 사람들이 있어. / 울타리가 있고, 제사 지내는 군장이 보여.

돌괭이

거푸집

반달 돌칼

48~49쪽 왕들이 알에서 태어났다고?
왕의 이름 쓰기
- 고주몽, 김수로, 박혁거세

왕이 알에서 태어난 까닭 생각하기
- 예) 나는 옛날 사람들이 알이 깨지면서 새로운 세상이 시작된다고 생각했던 거 같아. 그래서 왕이 태어나면서 새로운 세상을 만들어 더 잘 다스려 주기를 바란 거지.

62~63쪽 부처님, 제 소원을 들어주세요!
- 예) 전쟁이 빨리 끝나서 가족에게 돌아가게 해 주세요. / 농사가 잘 되어서 배불리 먹을 수 있게 도와주세요. / 우리 아들이 높은 관직에 올라가면 좋겠습니다. 나무아미타불.

76~77쪽 벽화에서 '나'를 찾아봐!
벽화를 보고 인물 찾기

벽화 그리기
- 그림 생략

90~91쪽 닮은꼴을 찾아라!
닮은 문화유산 연결하기

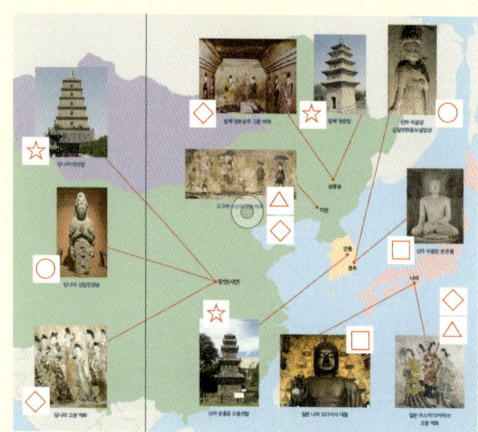

104~105쪽 발해의 길은 어디로 이어졌을까?
보드게임 문제의 답
- ① 상경성 궁문 자리 ② 십자가 ③ 고구려 ④ 신라길, 영주길, 압록길, 거란길, 일본길, 담비길 중 3개
  ⑤ 담비길 ⑥ 석등 ⑦ 담비 가죽 ⑧ 격구 ⑨ 해동성국

120~121쪽 고려 사람들에게 한 걸음 다가서기
재판관의 판결 생각해 보기
- ㉠ 결혼한 누나에게 재산을 모두 준 것은 그 재산으로 동생을 잘 키우고, 나중에 동생에게 재산을 나누어 주라는 뜻이 아니겠느냐. 동생에게 그 네 가지 물건만 남겨 준 것은 어른이 되어서 옷과 모자를 갖춰 입고 신발을 신고 종이에 글을 써서 관청에 가 이 문제를 해결해 줄 사람을 찾으라고 그런 것이다.

내용에 알맞은 그림 찾아 표시하기

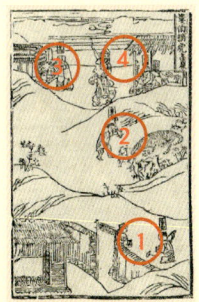

132~133쪽 어린이 기자, 고려에 가다!
기사 읽고 생각 말하기
- ㉠ 명학소라는 곳에 사는 사람들은 무슨 특산물을 만들었을까? / 왜 정부 관리들은 약속을 어겼을까? / 이 봉기를 일으킨 사람들은 어떻게 되었을까?

인터뷰 기사에 댓글 쓰기
- ㉠ 응원합니다! / 달걀로 바위치기 아닌가?

인터뷰 인물 고르고 질문 쓰기
- ㉠ (귀족 어린이) / 어른이 되면 무슨 일을 하고 싶었나요? / 무엇을 공부했나요?

146~147쪽 목화의 비밀을 찾아라!
이것에 대해 읽고, 빈 곳에 낱말 쓰기
- ① 목화솜 ③ 솜(무명도 맞음) ④ 목화

목화가 바꾼 사람들의 생활 모습 번호 쓰기
- 왼쪽 위에서 시계 방향으로 ①-②-④-③

158~159쪽 조선 시대의 왕은 어떤 일을 했을까?
지폐 그림의 의미 알아보고, 왕 이름 말하기
- 세종대왕

191

조선 시대의 왕이 해야 할 일 쓰기
- ㉠ 조선 시대의 왕은 백성을 잘 돌보라는 하늘의 명령을 잘 실천하여 나라를 영원히 발전시켜야 했다.

168~169쪽 조선 시대의 승경도 놀이
승경도 놀이하기
- 생략

184~185쪽 사라진 도자기 기술자를 찾아라!
도자기 기술자들이 간 곳 추리하기
- ㉠ 전하, 지난 전쟁에서 일본은 계획적으로 도자기 기술자를 포로로 잡아갔습니다. 온 나라의 도자기 기술자들이 이젠 일본의 도자기를 만들고 있으니 전쟁의 또 다른 고통이라 할 수 있겠습니다.

[역사 속으로 떠나 볼까?]
38~39쪽 다양한 고인돌이 모여 있는 고창으로!
제1코스
- 굄돌의 개수가 모두 같지 않고 0개, 2개, 4개 등 다양하다.

제3코스
- 사진 생략. 고창에는 고인돌이 1,600여 개 있다.

제2코스
- 생략. 동양 최대의 고인돌인 운곡 고인돌은 덮개돌 무게만 약 300톤 정도이다.

제5코스
- ㉠ 땅이 평평해 놓기 좋았다. / 하늘 별자리를 따라 했다.

92~93쪽 신라 시대 무덤과 유물이 가득한 경주로!
대릉원
- 천마도 그리기 생략
- 미추왕릉, 천마총, 황남대총 등 15기의 무덤이 있다.
- 북쪽(천마총에서 먼 방향)이 여자, 남쪽(천마총에서 가까운 방향)이 남자 무덤이다.

국립경주박물관
- 국보 제87호 금관, 국보 제190호 금허리띠, 보물 제621호 금동장봉황환두대도, 보물 제617호 금제접형

관식, 보물 제619호 경식, 보물 제622호 청동제초두(이상 천마총), 보물 제623호 금제천 및 지환, 보물 제626호 금제고배, 보물 제627호 은제잔(이상 황남대총) 등.
- 지금까지 신라 무덤에서 출토된 금관은 모두 6개이다.
- 천마총 금관은 둥근 관테에 3개의 나뭇가지와 2개의 사슴뿔 모양 세움장식을 붙이고 옥과 달개로 아름답게 장식하였다. 장식된 옥의 개수는 58개, 달개는 382개이다. 옥 모양이 배 속의 태아와 닮았다고 생각하였는데, 나중에 사람으로 다시 태어나기를 바라는 마음으로 장식하였다고 한다.

134~135쪽 불교문화의 특징을 찾아서 평창으로!
월정사
- 각 건물마다 다양한 부처상이 있다. 그중 조선 시대에 금동으로 만든 육수관음상은 월정사 성보박물관에서 볼 수 있다.
- 그리기 생략

천왕문
- 사진 생략

팔각구층석탑
- 입에 부드러운 미소를 머금고 있는 석조보살좌상은 약왕보살이라고 한다. 약왕보살은 부처님의 말씀을 들은 후부터 마음을 다해 존경심을 표시했다고 한다. 고대 인도의 관습에 따르면 한쪽 무릎을 꿇고 앉는 것은 존경심을 가장 크게 표현하는 자세라고 한다.

170~171쪽 퇴계 이황의 가르침을 찾아 안동으로!
도산서원
- 도산서원에서 학생들이 머물던 기숙사는 <u>동재</u>와 <u>서재</u>이다.

전교당
- ㉠ 나는 하루에 30분씩은 꼭 스스로 공부할 것을 다짐한다.

광명실
- 광명실은 책을 보관하는 곳으로, 습기 등의 피해를 예방하기 위해 건물을 띄워 지었다.

상덕사
- ㉠ 상덕사는 현명하고 훌륭한 사람들에게 제사를 지내는 공간이다. 그분들처럼 되기를 꿈꾸며 제사를 지냈을 것 같다.

찾아보기

ㄱ

가실 58~59
가야 45~48, 57, 68, 72
각저총 43, 71
갈돌 25~26
갈판 25~26
개경 111~112, 114, 117, 128, 130, 141, 142~143
개로왕 56
거란길 103
거푸집 37
격구 101
경당 70
경주 남산 용장사지 마애여래좌상 62
고구려 43, 45, 48, 52~62, 66~67, 70~75, 80, 90~91, 101
고려 109~127, 131~132, 134, 138~146
고인돌 30~35
고조선 42~45
고주몽 48
공녀 138
과거 제도 114
광종 114
국사 116
군장 33~35, 37
금관가야 45, 47~48
기림사 83
기마 인물형 토기 46
김수로 48

김윤후 141
김춘추 72~73

ㄴ

나전칠기 111
노비 43, 67~69, 88~89, 116, 128, 130~131, 141, 145, 166~167
농부 125, 162~163
농사일 32, 127, 162, 163

ㄷ

다카마쓰 고분 91
단군 42~43
담비 가죽 100, 102
담비길 103
답추 101, 105
당나라 11면 관음 90
대구 동화사 비로암 비로자나불좌상 62
대안탑 90
대왕암 80
덕흥리 고분 70
덩이쇠 47
도다이사 대불 91
돌보습 26
동삼동 22~23, 27
두루봉 동굴 19~21

194

ㅁ

만적 130
만파식적 80~81
망이 망소이 133
매향 126
목화 146~147
몽골 140~141, 143
무왕 60
문무왕 80~81
미륵 부처 60, 125~127
미륵사 60~61
미륵하생경변상도 124

ㅂ

박혁거세 48
반구대 암각화 23
반달 돌칼 34, 37
발해 영광탑 91
백암성 52~54
백제 45, 47, 56~62, 72, 74~75, 80
벽란도 110~111, 129, 143
부여 44, 45, 48
불국사 84~85
빗살무늬 토기 26

ㅅ

삼년산성 56~58
삼실총 71
서산 마애여래삼존상 63
석굴암 84~85, 90~91
석굴암 본존불 84, 90~91
선덕여왕 61
설계두 72~73
설씨 아가씨 58~59
세종 150~156
손변 120
송현동 고분 68~69
수산리 고분 66, 90~91
신라 45, 47~48, 56~58, 60~62, 69,
   71~73, 80~81, 84, 87~88, 90~91
신라 11면 관음 90~91
신라길 103
신문왕 80~81
십자가 유물 96~97
쌍기 114~115

ㅇ

아차산성 56~57, 71
안시성 53~55
안악3호분 67
압록길 103
양만춘 54
양반 151, 153, 156, 164~168, 177, 181
에밀레종 84
연등회 126~127

염경애 117~118
영주길 103
예성강 111
오경박사 74
온달 56, 70~71
완사천 108
왕건 108~109, 112
왕사 116
왕인 74~75
용비어천가 155, 158
운흥동 오층 전탑 91
움집 24~25
원나라 138~139, 141~146
원효 대사 83
의병 178~179
의천 116~117
이성계 145, 155
일본길 103
임진 전쟁 10~11, 175~176, 179~181

ㅈ

장보고 86~87, 90
장수왕 56
정효공주 고분 91
조개더미 22~23, 25, 27
주먹도끼 20~21, 26
중앙아시아 은화 97, 104

ㅊ

청동거울 32, 34, 42
청동검 32~34
청양 장곡사 금동약사여래좌상 63
청해(청해진) 86~87
최루백 117~121
최무선 144~145
최우 141
최충헌 130~131
최치원 87, 90
충주성 141

ㅋ

크리스트교 97, 104

ㅎ

한글 150~157
한자 151, 153, 155~157
해동성국 102
화포 144~145
황남대총 69, 89, 92~93
황룡사 60~61
훈민정음 152~153
훈춘 96
홍수 아이 19

사진 출처

경주시 85(불국사 전경)
국립경주박물관 44(신라 흙인형, 신라 기와 조각), 92(천마도, 금관총 금관, 천마총 금관)
국립광주박물관 33(화순 대곡리 청동기)
국립김해박물관 47(덩이쇠)
국립민속박물관 157(천자문)
국립부여박물관 44(백제인 얼굴)
국립중앙박물관 11(난중일기 표지·본문), 21(긁개, 주먹도끼), 25(갈판과 갈돌), 26(주먹도끼, 갈판과 갈돌, 빗살무늬 토기) 27(조개껍데기 가면), 33(비파형 청동검, 미송리식 토기), 37(반달 돌칼, 돌괭이, 거푸집), 44(부여 가면), 46(기마 인물형 토기), 89(경주 98호 남분 유리병 및 잔, 황남대총 북분 유리잔 및 금은제 그릇), 111(나전국화무늬경합), 116(의천 영정), 117(해동통보), 118(염경애 묘지명), 129(청자 어룡 모양 주전자), 135(월정사 석조보살좌상), 144(황자총통), 165(삼일유가), 168(승경도 놀이판)
뉴스뱅크 117(수락암동 1호분 고분 벽화)
동북아역사재단 66·91(수산리 고분 벽화), 67(안악3호분 벽화)
문화재청 23(뼈낚싯바늘, 반구대 암각화), 30(고창 고인돌 유적지, 탁자식 고인돌), 33(전 덕산 청동방울 일괄), 38(고창 고인돌 유적지), 60(미륵사지 석탑), 61(황룡사 복원 모형), 62(경주 남산 용장사지 마애여래좌상, 대구 동화사 비로암 석조비로자나불좌상), 63(서산 마애삼존여래상, 청양 장곡사 금동약사여래좌상), 68(송현이 복원 모형), 69(황남대총), 85(성덕대왕신종, 석굴암 본존불), 90(석굴암 본존불, 석굴암 십일면관음보살입상), 129(청자상감운학문매병, 청자 복숭아 모양 연적, 청자 참외 모양 매병), 135(월정사 석조보살좌상), 141(고려 궁지), 144(지자총통, 중완구), 169(전교당), 170(광명실)
부산광역시립박물관 22(동삼동 패총 발굴터, 동삼동 패총), 23(고래 뼈, 불탄 좁쌀)
북앤포토 13(옛날 앨범), 47(가야 투구와 판갑옷), 68(송현동 발굴 현장), 90(발해 영광탑, 일본 다카마쓰 고분 벽화), 98·104(상경성 궁문 자리), 101·105(발해 석등), 112(왕건 청동상)
사가현립 나고야성박물관 175(코 영수증)
서울대학교규장각한국학연구원 121(누백포호)
석탄박물관 12(1960년대 월급봉투)
세종대왕기념사업회 152(훈민정음 반포도)
송기호 96·104(십자가 목걸이를 한 불상), 97(중앙아시아 십자가), 97·105(중앙아시아 은화)
숭실대학교한국기독교박물관 97(경교 돌십자가, 십자무늬 장식)
연합뉴스 67(안악3호분 벽화), 70(덕흥리 고분 벽화), 90(당나라 십일면관음, 정효 공주묘 벽화), 108(완사

천 조형물), 157(한글 새김 분청사기)

우정사업본부 49(김수로·주몽·박혁거세 우표)

위키피디아 52·53(백암성-Gabor-Shenyang), 74(왕인의 묘-Y.Matsuura), 77(안학3호분 벽화), 80(경주 대왕암), 90·91(당나라 대안탑, 안동 운흥동 오층 전탑-최옥석, 당나라 고분 벽화, 도다이사 대불-Oren Rozen), 111(송나라 비단 웃옷, 말린 후추), 134(수광전 부처상-Steve46814), 135(월정사 탑-(c)한국불교문화사업단· 동물 탱화), 145(목화-Ikiwaner), 150(세종대왕 동상), 169(도산서당-Steve46814), 170(상덕사-Xlargebee), 175(코 무덤), 178(의병 기록화), 181(삼전도비)

이미지클릭 127(보광사 대웅전 벽화)

전쟁기념관 140(처인성 전투 기록화)

충북대학교박물관 18(흥수 아이), 19(쌍코뿔이 복원품), 32(제천 황석리 고인돌 발굴 현장)

토픽이미지스 83(경주 기림사 천수천안관세음보살), 170(도산서원 전경)

pixta 134(월정사 전경)

* 이 책에 사용한 사진은 박물관과 저작권자의 허가를 받아 게재한 것입니다. 저자 및 출판사가 저작권을 가지고 있는 사진은 출처 표시를 하지 않았습니다. 허가를 받지 못한 일부 사진에 대해서는 저작권자가 확인되는 대로 허가를 받고 사용료를 지불하겠습니다.

참고 자료

국립부여박물관, 『부여 송국리』, 그래픽네트, 2017
김민수, 『아차산성』, 광진문화원
김부식, 『신편 삼국사기 상·하』, 신서원, 2000~2004
김영수, 「세종대의 문화 정체성 논쟁 - 훈민정음 창제를 둘러싼 논쟁을 중심으로」, 『한국동양정치사상사연구』 제15권 제1호, 2016
동아출판사 편집부, 『원시에서 현대까지 인류생활사』, 동아출판사, 1994
박은봉, 『한국사 편지 1~3』, 책과함께어린이, 2009
박종기, 『고려의 부곡인, 〈경계인〉으로 살다』, 푸른역사, 2012
배성수, 「경교의 한국 전래 1」, 숭실대학교한국기독교박물관, 2005
백두현, 「조선시대 여성의 문자 생활 연구」, 『제28회 구결학회 전국학술대회 발표 논문집』, 2003
서울대학교, 『고구려: 한강유역의 요새』, 서울대학교박물관
손준호, 「송국리 취락의 시기와 성격」, 『한국상고사학회 학술대회 논문집』, 2010
송기호, 『발해를 왜 해동성국이라고 했나요?』, 다섯수레, 2010
송호정, 『아! 그렇구나 우리 역사 6』, 여유당, 2005
안길정, 『관아를 통해서 본 조선시대 생활사』, 사계절, 2000
여규호, 『고구려 성』, 국방군사연구소
역사문제연구소, 김인호 외, 『미래를 여는 한국의 역사 2』, 웅진지식하우스, 2011
윤재운, 『어린이 박물관 발해』, 웅진주니어, 2013
이가담, 『온달, 바보가 된 고구려 귀족』, 푸른역사, 2004
이강한, 『고려와 원제국의 교역의 역사』, 창비, 2013
이기환, 「이기환의 흔적의 역사-발해 멸망과 백두산 대폭발」, 경향신문, 2012.05.30
이상규, 「세종실록 분석을 통한 한글 창제 과정의 재검토」, 『한민족어문학』 제65집, 2013
이태진, 『조선유교사회론』, 지식산업사, 1990
이혜정, 「16세기 노비의 삶과 의식세계: 묵재일기를 중심으로」 2012
일연, 『신편 삼국유사』, 신서원, 2004
정재훈, 『조선 전기 유교 정치사상 연구』, 태학사, 2005
주보돈, 「신라 금입택과 재매정택」, 『신라문화 46』, 2015
최승희, 『조선 초기 정치문화의 이해』, 지식산업사, 2005
한국고문서학회, 『의식주, 살아있는 조선의 풍경』, 역사비평사, 2006
한국고문서학회, 『조선시대 생활사 2』, 역사비평사. 2000
한국생활사박물관 편찬위원회, 『한국생활사박물관 1~9』, 사계절, 2002~2003
한국역사연구회, 『개경의 생활사』, 휴머니스트, 2007
한국역사연구회, 『고려시대 사람들은 어떻게 살았을까 1~2』, 청년사, 2005
한국역사연구회, 『조선시대 사람들은 어떻게 살았을까 1~2』, 청년사, 2005
한명기, 「병자호란 시기 조선인 포로 문제에 대한 재론」, 『역사비평』 통권 85호, 2008

질문으로 시작하는
초등 한국사 1

1판 1쇄 발행일 2018년 9월 28일 **1판 3쇄 발행일** 2021년 7월 19일
글 한국역사교육학회 **그림** 송진욱
펴낸곳 (주)도서출판 북멘토 **펴낸이** 김태완
편집주간 이은아 **편집** 김정숙, 조정우 **디자인** 전혜순, 안상준 **마케팅** 최창호, 민지원 **사진 진행** 북앤포토 김미영
출판등록 제6-800호(2006. 6. 13.) **주소** 03990 서울시 마포구 월드컵북로6길 69, IK빌딩 3층
전화 02-332-4885 **팩스** 02-6021-4885
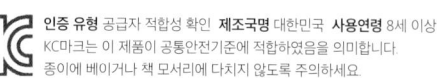

ⓒ 한국역사교육학회·송진욱, 2018

※ 잘못된 책은 바꾸어 드립니다.
※ 이 책은 저작권법에 따라 보호를 받는 저작물이므로 무단전재와 무단복제를 금합니다.
　이 책의 전부 또는 일부를 쓰려면 반드시 저작권자와 출판사의 허락을 받아야 합니다.

ISBN 978-89-6319-279-6 74910 **ISBN** 978-89-6319-278-9 74910(세트)

> 이 도서의 국립중앙도서관 출판예정도서목록(CIP)은 서지정보유통지원시스템 홈페이지
> (http://seoji.nl.go.kr)와 국가자료공동목록시스템(http://www.nl.go.kr/kolisnet)에서
> 이용하실 수 있습니다. (CIP제어번호: CIP2018029476)

인증 유형 공급자 적합성 확인 **제조국명** 대한민국 **사용연령** 8세 이상
KC마크는 이 제품이 공통안전기준에 적합하였음을 의미합니다.
종이에 베이거나 책 모서리에 다치지 않도록 주의하세요.